École d'Application de l'Artillerie et du Génie.

Cours de Fortification permanente.

3e Partie.

Organisation d'ensemble des Forteresses.

1er Fascicule.

Leçons professées à l'Amphithéâtre

par

Joffre, Chef de Bataillon du Génie, Professeur.

(Texte.)

1892.

Lithographie de l'École d'Application de l'Artillerie et du Génie.

Note.

Le présent fascicule contient les Notes préparées par Mr le Commandant Joffre pour le développement de ses leçons orales, et qu'à son départ, il a bien voulu laisser à la disposition de son successeur.

Il résume les enseignements contenus dans le volume sur le même sujet, de Mr le Commandant Corbin, lithographiés à l'École d'Application en Janvier 1890.

Cours de Fortification permanente.

3e Partie.

Première Leçon.

Préliminaires.

Dans la première partie du Cours nous avons étudié la construction de la fortification aux différents époques de l'histoire. Nous avons vu les perfectionnements successifs introduits dans les procédés de l'attaque et dans les moyens de la défense.

Tantôt, la fortification paraît assurer à ses défenseurs une protection complète, et une résistance d'une durée indéfinie; tantôt, l'invention d'un nouvel engin, ou une amélioration des engins existants, renverse les rôles, et oblige la défense à chercher le moyen de résister dans de nouvelles transformations de la fortification.

Après les canons rayés.

Cette étude, poursuivie jusqu'en 1870, nous a montré que l'invention des canons rayés et l'emploi des projectiles explosibles avaient donné, vers 1859, la supériorité à l'attaque. Les expériences du fort Liédot avaient indiqué les parties faibles de la fortification existante, et avaient permis de déterminer les perfectionnements à lui faire subir.

Ces perfectionnements avaient trait :

1° Aux dispositions d'ensemble des forteresses ;

2° A l'organisation de la fortification comme profil et comme tracé.

Deux catégories de places.

En ce qui concerne les dispositions d'ensemble des forteresses, il fallait diviser les places en deux catégories :

Dans la première catégorie se trouvaient un petit nombre de grandes forteresses ayant une importance stratégique considérable. Ces places devaient être susceptibles d'une longue résistance ; et, pour cela, être entourées d'une enceinte de sûreté et d'une ceinture de forts, assez éloignés de l'enceinte pour mettre la ville à l'abri du bombardement.

La 2e catégorie comprenait les petites forteresses remplissant un rôle stratégique utile, comme la garde d'une voie de communications ou d'un point de passage obligé. Ces forteresses n'avaient pas une importance assez grande pour justifier les sacrifices qu'exige la construction d'une ceinture de forts. Elles étaient entourées d'une simple enceinte fortifiée, et elles devaient être organisées pour résister à l'artillerie de campagne et ne succomber que devant une attaque régulière entreprise avec la grosse artillerie de siège.

Organisation de la fortification.

Quant à l'organisation de la fortification elle-même, il fallait :

1° Défiler toutes les maçonneries,

2° Multiplier les abris et les couvrir d'une épaisse couche de terre,

3° Avoir une fortification très-aplatie et supprimer les faces ou les flancs enfilables.

Ces diverses améliorations avaient été entreprises, en France, dans un certain nombre de places, au moment où fut déclarée la guerre de 1870.

Après 1870.

L'expérience des sièges de cette guerre a justifié, en les complétant, les conclusions que l'on avait tirées des expériences du fort Liédot. Elle a permis de déterminer les conditions à remplir par la fortification pour résister à l'artillerie; et l'Instruction du 9 Mai 1874, a posé les bases d'après lesquelles on a reconstitué les fortifications de nos nouvelles frontières.

Après 1885.

Les travaux de cette reconstitution touchaient à leur fin, lorsqu'en 1885, l'invention de l'obus-torpille est venue enlever à la fortification la valeur que lui avaient donné les dernières transformations, et il a fallu lui faire subir de nouvelles modifications

Ces modifications ont été entreprises dans les places les plus importantes de notre territoire et sont, en ce moment, en voie d'exécution. La fortification actuelle est donc organisée, partie d'après les principes de l'Instruction du 9 Mai 1874, partie d'après les conditions imposées par les nouveaux progrès de l'Artillerie.

Il est indispensable de connaître, en tous détails, les deux modes d'organisation ; car, si nous avions la guerre, il faudrait utiliser les fortifications existantes et en tirer le meilleur parti possible pour faire une bonne défense.

2e partie du Cours.

C'est pour ce motif que, dans la 2e partie du cours, on vous a donné la description complète de tous les éléments de la fortification (profils, tracés, abris de toute sorte, et cuirassements), tels qu'ils étaient constitués pendant la période de 1874 à 1885. Et on vous a ensuite fait connaître comment ces éléments ont été transformés à la suite de l'apparition de l'obus-torpille.

3e partie du Cours.

Nous procéderons de même dans les leçons de la 3e partie du cours, qui ont pour objet l'étude de l'organisation d'ensemble des forteresses, du rôle que jouent chacun de leurs organes constitutifs tels que l'enceinte, les forts, les batteries, etc, etc..., et enfin de la manière dont sont agencés les divers éléments de la fortification, dans la constitution de ces organes.

Nous prendrons d'abord le cas d'un terrain peu ou moyennement accidenté, et nous examinerons les grandes, puis les petites forteresses. Nous étudierons ensuite l'organisation de ces deux natures de places en pays de montagne. Enfin nous verrons la constitution des ouvrages de fortification dans les places maritimes.

Dans chacun de ces cas, nous décrirons complètement l'organisation antérieure à 1885. Puis nous étudierons les conditions dans lesquelles il y a lieu de constituer les places nouvelles. Enfin nous examinerons les modifications à faire subir aux forteresses construites avant 1885 pour les mettre en état de fournir une bonne défense.

Généralités.

La fortification, nous l'avons déjà dit, a pour objet d'augmenter la force de résistance d'une position que l'on a intérêt à occuper, soit pour le combat, soit pour faciliter les mouvements des armées. Elle se divise en deux parties :

La fortification passagère, destinée à renforcer les positions de combat, et dont la caractéristique est d'être construite rapidement et de n'être utilisée que temporairement.

La fortification permanente, qui doit faciliter les mouvements des armées. Elle est construite, dès le temps de paix, avec toutes les ressources de l'industrie. Et elle comporte un degré de force et de sécurité que ne peut pas donner la fortification passagère. Elle doit, et c'est là sa raison d'être, permettre une longue résistance contre un ennemi supérieur en nombre et en valeur.

Discussion sur l'utilité.

Ces conditions ne peuvent être remplies qu'à l'aide de dépenses considérables, qui obèrent les budgets des États, et que l'on hésite toujours à faire.

Toutes les fois qu'on s'est trouvé dans la nécessité de construire de nouvelles fortifications d'une certaine importance, il s'est élevé des discussions sur l'utilité de la fortification permanente, et sur la possibilité de la remplacer par la fortification passagère.

Nous nous bornerons, pour le moment, à nous rendre compte des avantages que procure la fortification permanente au début d'une guerre, en favorisant la mobilisation et la concentration des armées, et nous constaterons que ces avantages ne peuvent pas être donnés par la fortification passagère. La discussion sur les autres services que l'on demande à la fortification permanente sera réservée pour la 4e partie du cours.

Rôle pendant la mobilisation.

Nous allons donc nous occuper du rôle de la fortification permanente pendant la mobilisation et la concentration des armées.

En temps de paix, les troupes sont réparties dans tout le territoire, et, au moment, de la déclaration d'une guerre, les frontières menacées ne sont couvertes que par de faibles effectifs.

Mobilisation.

Il faut constituer les armées: et, pour cela, procéder d'abord à la mobilisation, c'est-à-dire, réunir, dans les corps, les hommes de la réserve, qui sont dans leurs foyers, les habiller et les armer; puis réquisitionner et harnacher tous les chevaux nécessaires. Ces diverses opérations terminées tous les corps de troupe sont au complet de guerre. Ils sont mobilisés.

Concentration. Il faut alors faire la concentration, c'est-à-dire transporter les corps de troupe sur les points du territoire qui leur ont été désignés et où ils doivent être réunis pour constituer les armées.

Situation critique. Ces deux opérations de la mobilisation et de la concentration demanderont un certain nombre de jours, et, tant que la concentration ne sera pas terminée, ou au moins très avancée, l'armée sera dans une situation critique. Elle n'est pas en état de combattre, ou elle ne peut le faire que dans des conditions très désavantageuses. A ce moment l'ennemi s'il dispose d'une petite armée organisée assez tôt, ne sera pas arrêté par les faibles effectifs qui gardent la frontière. Il pourra pénétrer dans notre territoire et détruire en détail nos troupes, à mesure qu'elles arriveront aux points de concentration.

Nécessité de la fortification permanente. Vous voyez ici apparaître la nécessité de la fortification. Si l'on a eu soin, dès le temps de paix, de construire des forteresses convenablement placées, et pouvant être défendues par le petit nombre d'hommes dont on disposera dès les premiers jours, la concentration des armées pourra se faire dans les régions protégées par ces forteresses, sans que l'ennemi puisse venir la troubler.

Peut-on la remplacer par la fortification passagère ?

Mais, dira-t-on, il n'est pas nécessaire de s'imposer les lourds sacrifices d'argent que nécessitent les travaux de fortification permanente. Il suffit d'occuper, au moment du besoin, les positions dont on veut s'assurer la possession ; et d'y construire des ouvrages de fortification passagère qui permettront de conserver ces positions.

On diminuerait ainsi les charges de l'État et on ne risquerait pas de faire des travaux qui seront peut-être inutiles. Car, disent les ennemis de la fortification permanente, les ouvrages construits aujourd'hui et capables de fournir une bonne résistance peuvent, si l'artillerie réalise de nouveaux progrès, voir annihiler leur valeur avant qu'une guerre ait éclaté.

La fortification est utile même si elle n'est pas utilisée.

Il faut d'abord écarter ce dernier argument qui s'applique à toutes les dépenses faites en vue de la reconstitution du matériel de guerre. Toutes les fois qu'un nouveau progrès nécessite l'adoption de fusils ou de canons d'un nouveau système, les dépenses faites pour les engins du système abandonné auraient, d'après cette théorie, été inutiles. Il n'en est rien cependant : car, s'il n'y a pas eu de guerre pendant que les armes abandonnées étaient en service, celles-ci ont fait, pendant ce temps, partie intégrante de la force militaire du pays et ont eu par conséquent leur utilité.

Il en est de même de la fortification permanente : Tant que les forteresses sont susceptibles d'une bonne résistance, elles donnent à l'armée une sérieuse augmentation de valeur. Elles sont très utiles, même si on n'a jamais l'occasion de s'en servir.

Il ne s'agit donc pas de savoir si la fortification que l'on crée, sera utilisée ; mais bien si elle serait utile ou nécessaire au cas où la guerre éclaterait. Et le problème qui se pose est le suivant :

La fortification passagère peut-elle rendre tous les services que l'on demande à la fortification permanente ? Ou bien existe-t-il un certain nombre de positions, qu'il est indispensable d'avoir fortifié solidement dès le temps de paix, sous peine de compromettre gravement la situation de l'armée, au moment de la guerre ?

Nous avons dit qu'il était nécessaire d'avoir, non loin de la frontière, un certain nombre de positions fortifiées pour protéger la mobilisation et la concentration. Ces opérations se feront dès les premiers jours qui suivront la déclaration de guerre. Il faudrait donc pouvoir, en quelques jours, exécuter les travaux de fortification passagère nécessaires pour la protection de ces positions.

Ces travaux sont tellement considérables, que ce n'est pas une semaine mais plusieurs mois qu'il faudrait pour les achever. D'ailleurs, où trouver les hommes en quantité suffisante pour une besogne si considérable ?

Nombre d'ouvriers.

Tous les hommes valides jusqu'à 45 ans font partie de l'armée. Ceux qui sont plus âgés, et que l'on pourra rassembler dans les environs des positions à fortifier, ne donneraient qu'une infime partie du nombre de bras nécessaires.

Fera-t-on appel aux soldats ? Mais ceux qui font partie des armées, devant opérer en rase campagne, sont pendant la période qui nous occupe, employés aux mille travaux, opérations et corvées nécessaires dans toute armée qui s'organise. Ils ne peuvent, en aucune façon, être distraits de ces occupations, indispensables pour la coordination des nombreux éléments qui doivent constituer les armées. D'ailleurs, ils ne se trouveront presque jamais sur les positions à fortifier.

Il ne reste, comme ressource, que les troupes, appelées à défendre ces positions et qui s'y trouvent au moment de la déclaration de guerre. Il faut y ajouter les hommes au-dessus de 45 ans que l'on pourra réquisitionner et rassembler dans les environs.

Mise en état de défense.

On obtient ainsi un nombre restreint de travailleurs. Nous verrons dans la suite, qu'ils suffisent à peine pour exécuter, en temps utile, les travaux de fortification passagère, que l'on ajoute aux ouvrages de fortification permanente pour les mettre en état de défense.

Car, afin de ménager les finances du pays, il convient de ne construire, en temps de paix, que les ouvrages qu'il serait impossible d'exécuter en temps utile pendant la guerre, à cause du temps considérable et du grand nombre d'ouvriers qu'exige leur édification. Ces ouvrages constituent, pour ainsi dire, la charpente, l'ossature de la fortification. Ils permettent déjà de résister à une attaque. Les troupes, chargées de les défendre, les complètent par une série de travaux de fortification passagère qui leur donnent toute leur valeur et augmentent notablement la durée de la défense qu'ils peuvent fournir. Ce sont les travaux de mise en état de défense.

Places de 2e ligne.

Ce ne sont pas seulement les positions destinées à couvrir la mobilisation et la concentration que l'on doit fortifier. Nous verrons, dans la 4e partie du cours, que, pour faciliter les opérations des armées obligées de battre en retraite, et pour leur permettre de se reformer, il faut également protéger par la fortification des positions dites de seconde ligne et situées à quelques journées de marche en arrière des précédentes. Il faut enfin fortifier les centres considérables, comme Paris et Lyon, afin d'empêcher l'ennemi de s'emparer des immenses ressources qu'ils renferment.

Dans ces forteresses, comme dans celles de première ligne, le temps et les bras manqueraient pour exécuter, en temps utile, pendant la guerre, tous les travaux de fortification nécessaire. Car, ici encore, on ne disposera, comme travailleurs, que des hommes au-dessus de 45 ans et de la garnison chargée de la défense propre des positions.

On aura un peu plus de temps pour l'exécution des travaux de mise en état de défense. On pourra donc laisser, pour le temps de guerre, l'exécution de quelques travaux, qui, dans les forteresses de 1ère ligne, doivent être faits dès le temps de paix. Mais, tous les ouvrages importants doivent être construits dès le temps de paix si l'on veut que ces places fortes puissent jouer le rôle qui leur est assigné.

Sébastopol et Belfort.

On cite souvent, pour montrer les services qu'a pu rendre une fortification improvisée, les exemples de Sébastopol et de Belfort. On oublie, qu'à Sébastopol, les Russes n'auraient pas pu construire les nombreuses défenses, qu'ils ont ajoutées à la place, si les armées alliées l'avaient attaquée, aussitôt après la bataille de l'Alma, ainsi que le réclamaient beaucoup de généraux.

Quant à la place de Belfort, investie seulement le 4 Novembre 1870, les travaux de mise en état de défense y avaient été commencés dès le mois de Juillet de la même année. Ces travaux ont permis au Colonel Denfert de faire la belle défense qui a immortalisé son nom. Mais dans quelle forteresse peut-on espérer avoir 11 mois devant soi pour en améliorer la fortification.

Et d'ailleurs, à Belfort comme à Sébastopol, on n'a fait qu'ajouter des défenses aux fortifications qui existaient déjà. La mise en état de défense a duré beaucoup plus longtemps que d'habitude, ce qui a permis d'augmenter notablement la valeur de ces places. Mais ces exemples ne seraient un argument sérieux contre la fortification permanente que si Belfort et Sébastopol n'avaient pas été déjà fortifiés dès le temps de paix, et si leurs défenseurs n'avaient eu que quelques jours pour les fortifier.

Paris

On pourrait citer de nombreux exemples de la lenteur d'exécution des ouvrages à construire en temps de guerre. Nous nous contenterons de celui de Paris pendant la guerre de 1870. Les redoutes de Montretout, de Châtillon, des Hautes-Bruyères et du Moulin-Saquet ont été commencées le 6 Août 1870. Le 19 Septembre, au moment de la bataille de Châtillon, elles n'étaient pas encore achevées, et on a été obligé de les abandonner à l'ennemi.

Ainsi, c'est à la fortification permanente que nous aurons recours pour nous assurer la possession, en temps de guerre, des positions qui doivent faciliter les mouvements de nos armées. Les dépenses, qui en résulteront, seront sans doute considérables. Mais elles sont de même nature que toutes celles, dont l'objet est d'augmenter ou d'entretenir la force militaire du pays; Elles sont indispensables pour assurer notre indépendance, et pour nous garantir de la ruine et du démembrement, qui pourraient être la conséquence d'une guerre malheureuse.

Emplacements des forteresses.

Quelles sont les positions qu'il convient d'occuper par la fortification permanente ?

Importance des voies de communications.

Ces positions, avons nous dit, sont destinées à protéger les régions, dans lesquelles les armées doivent se concentrer au début d'une guerre, et où elles viendront se reformer en cas de défaite. Il faut donc qu'elles empêchent l'ennemi de pénétrer dans ces régions, et qu'elles maîtrisent par conséquent les chemins qui y conduisent.

Elles doivent, une fois les armées concentrées ou reformées, faciliter leurs mouvements, leur permettre de se porter dans les directions les plus favorables soit pour combattre l'ennemi, soit pour l'éviter suivant les circonstances. Il faut encore, pour atteindre ce but, qu'elles commandent les lignes importantes de communications

Les armées en effet, traînent avec elles un matériel considérable. Elles ne peuvent se mouvoir qu'à la condition de suivre un faisceau de voies de communications comprenant des routes, des chemins de fer, et, si cela est possible, des canaux, et permettant les mouvements des troupes, le transport du matériel et le ravitaillement.

Points stratégiques.

Les points d'intersection de plusieurs faisceaux de lignes importantes de communication sont des points stratégiques. L'armée qui les possèdera aura la faculté de se porter sur toutes les directions vers lesquelles conduisent ces lignes.

Ces points stratégiques, ces nœuds de communications importantes sont les positions à occuper par la fortification permanente. En y élevant des forteresses, nous interdirons à l'ennemi et nous réserverons pour nos armées l'usage des chemins qui s'y croisent.

Les chemins suivent les vallées.

Or les voies de communication n'ont pas été tracées au hasard sur le terrain. Elles suivent généralement le fond des vallées, où leur tracé est beaucoup plus facile, et où, en raison de la fertilité plus grande du sol se trouvent les agglomérations de population. Le cours d'eau, qui coule au fond de la vallée, est souvent navigable et constitue alors lui-même un moyen de transport.

Emplacements des Villes.

C'est donc le long des grandes vallées que se développent les faisceaux de voies de communications. Et, au confluent de deux ou plusieurs d'entr'elles, se trouve généralement un centre important de population, à cause du commerce qui s'établit facilement entre ce confluent et les différents points des vallées qui y aboutissent.

Les besoins de ce centre de population, de cette ville, provoquent à leur tour la création de nouvelles routes, de chemins de fer, et, toutes les fois que le terrain s'y prête, de canaux navigables. C'est ainsi que se créent les nœuds de communications importantes qui sont, par conséquent, toujours occupés par des villes.

Les forteresses, qui doivent être établies sur ces nœuds de communication, se trouveront donc toujours dans des emplacements occupés par des villes.

Grandes forteresses.

Ces forteresses ont généralement une grande importance: Elles augmentent considérablement la valeur des armées qui opèrent dans leur rayon d'action, en leur réservant l'usage exclusif des nombreuses voies de communication qu'elles commandent. Ce sont les grandes forteresses, dont nous avons déjà parlé au début de cette leçon.

Elles sont entourées d'une enceinte de sûreté et d'une ceinture de forts, afin de leur permettre de résister pendant longtemps à un siège régulier, et pour mettre la ville à l'abri d'un bombardement.

Petites forteresses.

Il existe un certain nombre d'autres positions qui, bien que moins importantes que ces grandes places, n'en ont pas moins une grande utilité stratégique, et qu'il faut occuper par la fortification permanente. On y élève les petites forteresses.

Telles sont : les positions qui commandent une route ou un chemin de fer, reliant deux régions qui n'ont pas d'autre communication directe. Cette ligne de communication passe généralement par des points de passage obligés, un défilé, une vallée étroite, etc, etc... Et il suffit pour en interdire l'usage à l'ennemi, de placer une petite forteresse sur une position qui garde la route en un de ces points. Cette position sera le plus souvent une hauteur, sur laquelle il n'y a aucun centre habité.

Exclusivement militaires.

Donc, les petites forteresses ne contiendront pas généralement de population civile. C'est là un grand avantage ; car on pourra ne donner à la fortification que l'étendue strictement nécessaire pour sa défense, et on ne consacrera à cette défense qu'une garnison restreinte.

Exceptions.

Malheureusement il n'est pas toujours possible de placer les petites forteresses sur des points non habités. Quelquefois une communication importante ne peut-être réellement maîtrisée que par une position déjà occupée par une ville, qui est le plus souvent entourée de fortifications anciennes.

On est alors obligé d'accepter la situation telle qu'elle est. On se contente d'améliorer l'enceinte afin de lui permettre de ne succomber que devant une attaque sérieuse. On ne l'entoure pas d'ailleurs d'une ceinture de forts détachés, la place n'étant pas assez importante pour justifier une aussi forte organisation. Les places de Longwy et de Montmédy, au Nord-Est de la France, ont été organisées dans cet ordre d'idées.

Mais ce sont là des exceptions; et les petites forteresses, seront, en général, exclusivement militaires; au contraire des grandes forteresses qui engloberont toujours une ville.

Inconvénients. — Temps de guerre.

Les fortifications causent aux habitants des villes des inconvénients sérieux.

En temps de guerre, les populations des villes ouvertes ne sont soumises qu'à des réquisitions, tout au plus à quelques vexations. Tandis que les habitants des villes fortifiées sont menacés dans leur fortune et dans leur vie. Au bout d'un certain temps de siège, ils sont soumis à toutes sortes de privations, et leur situation devient très malheureuse pendant le bombardement, surtout si on y emploie les obus-torpilles.

Cette population cherchera à influencer le gouverneur pour obtenir une capitulation qui mette fin à ses souffrances. Son contact avec les troupes produira sur celles-ci une action dissolvante. Et, si le Gouverneur ne sait pas montrer une fermeté inébranlable, toutes ces causes réunies pourront amener le terme de la résistance de la place.

Temps de paix.

En temps de paix, les villes ont également à souffrir de la présence des fortifications. Quand leur importance augmente, elles arrivent rapidement à être trop serrées dans l'intérieur de l'enceinte. Elles ont besoin d'une étendue plus grande, et elles ne peuvent s'agrandir que si l'on déplace cette enceinte, au prix de sacrifices d'argent considérables.

En outre, tout autour des fortifications, les propriétés sont grevées de servitudes extrêmement dures. Il est en effet interdit d'exécuter, sur une certaine zône, en avant des remparts, toute une catégorie d'ouvrages (maisons, murs, remblais, etc, etc...) qui offriraient à l'assaillant des couverts contre la Place. Cette interdiction constitue, pour les terrains situés dans cette zône une servitude qui diminue considérablement leur valeur. La présence de la fortification engendre encore d'autres servitudes, dont le détail et les raisons vous seront données dans la 7e partie du cours.

Avantages.

Ces inconvénients, on est obligé de les subir, et on ne peut pas, afin de les éviter, placer les grandes forteresses loin des villes. Car, les emplacements des Places fortes doivent être déterminés d'après les convenances des populations. La présence d'une ville dans l'intérieur d'une forteresse présente du reste quelques avantages.

Les ressources de toute nature qu'elle renferme facilitent notablement la résistance. On y trouve des travailleurs, un outillage industriel, et des matériaux de tous genres pour achever la mise en état de défense et compléter l'armement. On y trouve également des approvisionnements de toute sorte pour faciliter la vie matérielle.

Si la place était exclusivement militaire, il faudrait, dès le temps de paix, approvisionner tous les matériaux et toutes les denrées nécessaires pour le temps de siège, ce qui serait très-onéreux pour les finances de l'Etat.

De plus, ces matériaux peuvent se détériorer, les denrées s'altèrent au bout d'un certain temps, et c'est là encore une source de dépenses.

Les sièges de Paris et de Belfort nous fournissent des exemples des avantages que procurent les grands centres par les ressources qu'ils contiennent. A Paris, on a construit des canons, des affûts, des voitures, des ballons, des engins de toute sorte. A Belfort, on a fondu des projectiles.

Sur le flanc des Villes.

Quelques auteurs ont proposé de mettre les forteresses à côté des villes, sans comprendre celles-ci dans le périmètre des fortifications. Cette solution n'est pas admissible: car, la Ville, placée dans le voisinage de la forteresse en gênerait la défense. Les ressources qu'elle renferme, au lieu d'être utilisées par les assiégés, tomberaient entre les mains de l'ennemi qui s'installerait dans la ville. Pour l'en déloger, il faudrait la bombarder et la ruiner, ce que l'on hésite toujours à faire, dans son propre pays. En réalité, on se serait privé des ressources de la Ville et on n'aurait guère épargné les souffrances des habitants.

Deux catégories.

En ce qui concerne leur emplacement, aussi bien qu'au point de vue de leur organisation, les forteresses se divisent en 2 catégories.

1° Les grandes forteresses à forts détachés qui englobent toujours une Ville, et qui tiennent un nœud de communications importantes;

2° Les petites forteresses à simple enceinte, qui maîtrisent une ligne importante de communication, et qui sont le plus souvent exclusivement militaires.

Durée de la résistance.

Son importance.

Quel que soit le rôle assigné à une fortification, qu'elle soit chargée, comme les grandes forteresses, d'occuper une position stratégique considérable, afin de favoriser les mouvements des armées, ou bien qu'elle soit simplement préposée à la garde d'une voie de communication, le premier devoir du défenseur est de prolonger autant que possible la résistance.

Ainsi que le prescrit le règlement sur le service des Places, à l'article 195: « Tout officier qui commande une Place de guerre ou un fort isolé ne doit jamais perdre de vue qu'il « défend un des boulevards de la Patrie, l'un des points d'appui « de ses armées, et que, de la reddition avancée ou retardée d'un « seul jour, peut dépendre le salut du Pays. »

On peut citer de nombreux exemples des services rendus par les places qui ont su prolonger leur résistance:

Par la belle défense qu'il a faite à Gênes, Masséna a permis à Napoléon de surprendre les passages des Alpes qui conduisent en Lombardie, et de terminer par la seule bataille de Marengo la campagne d'Italie.

Et c'est à la prolongation de la défense de Belfort, pendant la dernière guerre, que nous devons d'avoir conservé cette ville, avec le territoire qui l'entoure.

Entretien de la fortification.

Pour qu'une forteresse puisse, quand elle vient à

être assiégée, fournir une longue résistance, il faut que les fortifications soient, en temps de paix, maintenues constamment en bon état. A chaque progrès, réalisé dans les diverses branches de l'art militaire, on doit examiner s'il n'y a pas lieu de faire subir une modification correspondante aux ouvrages de défense. C'est aux Officiers de l'Artillerie et du Génie qu'il appartient d'étudier de concert ces modifications. Les Officiers du Génie sont ensuite chargés de les exécuter.

Organisation du commandement.

Il ne suffit pas que les fortifications soient tenues constamment à hauteur des progrès réalisés dans les moyens de l'attaque, il faut encore que le personnel, destiné à jouer le principal rôle dans la défense, soit familiarisé, dès le temps de paix avec les fonctions qui lui incomberaient en temps de guerre.

Pour tirer tout le parti possible des fortifications d'une place, il faut les connaître à fond, ainsi que leurs relations avec le terrain environnant. Il faut savoir aussi quelles sont les troupes et les ressources diverses dont on disposera pour la défense.

Aussi le Gouverneur, les chefs des divers services (Artillerie, Génie, Intendance, etc, etc....) et les troupes, appelés à défendre chaque forteresse, sont-ils désignés en temps de paix. Ils peuvent ainsi se préparer à l'avance aux difficiles fonctions qui leur seront confiées au moment du siège. En outre, pour les places importantes, le Gouverneur réside, en temps de paix, dans la place dont la défense lui serait confiée au moment de la guerre. Il commande dès le temps de paix, les troupes et les services militaires, appelés à prendre part à la défense.

C'est là une disposition très-heureuse, qui ne peut donner que d'excellents résultats.

Belfort.

La longue résistance de Belfort est due, non seulement aux talents militaires et à l'énergie du Colonel Denfert-Rochereau, mais encore à la connaissance approfondie qu'il avait de la place. Au moment de la guerre de 1870, le Colonel Denfert était, depuis quelques années, Chef du Génie de Belfort. La Place ayant été attaquée très-tard, le 4 Novembre, il a eu le temps de la mettre en état de défense, de faire exécuter les travaux dont il avait reconnu la nécessité dans ses études en temps de paix. Il a pu également bien prendre en mains le commandement de ses troupes, de ses chefs de service et leur inspirer confiance.

Et l'ennemi, lorsqu'il s'est présenté devant la Place s'est trouvé en présence d'un défenseur bien préparé. Le résultat a été, vous le savez, la glorieuse défense de Belfort.

Conséquences à tirer de la guerre Franco-allemande.

Nous avons dit, qu'en 1870, on avait commencé à modifier les fortifications pour les mettre en état de résister à l'Artillerie rayée et aux projectiles explosibles. Au milieu de cette transformation, a éclaté la guerre franco-allemande, pendant laquelle un assez grand nombre de places ont été attaquées; ces sièges ont permis de constater l'exactitude des conclusions que l'on avait tirées des expériences du fort Liédot. Ils ont complété ces conclusions, en éclaircissant divers points qui étaient, jusque-là, restés dans le doute.

Nous allons passer en revue les conséquences, auxquelles a conduit l'étude de ces sièges, au point de vue de l'organisation des places fortes.

Bombardement. Les bombardements, effectués avec l'artillerie de campagne, ont produit peu d'effet. L'ennemi a été généralement obligé de renoncer à prendre les villes par ce procédé.

Au contraire, les bombardements exécutés au moyen de canons de gros calibres, ont amené la reddition d'un certain nombre de places. Remarquons toutefois qu'ils ont été très peu meurtriers. Sauf à Mézières et à Strasbourg, où la population civile a éprouvé des pertes sérieuses, le nombre des victimes du bombardement a été très-faible dans les places attaquées.

Les capitulations ont été le résultat, non des pertes subies, mais de la terreur inspirée aux habitants par le bombardement et par l'incendie de leurs maisons qui brûlaient et s'écroulaient sous leurs yeux. Les Gouverneurs, qui n'ont pas su résister aux sollicitations de la population, ont rendu leurs places. Mais beaucoup d'autres ont eu la fermeté nécessaire et n'ont pas capitulé.

Ainsi, non seulement les petites forteresses ont résisté au bombardement par le canon de campagne, mais elle n'ont même pas succombé lorsque le bombardement, exécuté par les canons de siége, n'était pas trop violent.

Attaque de vive force.

Un certain nombre de ces places ont également résisté aux attaques de vive force, notamment celle de Toul.

Ainsi se trouvait démontrée, par la pratique, la possibilité de défendre les petites forteresses, entourées d'une simple enceinte, et d'obliger l'ennemi à les attaquer avec l'artillerie de siége, pour s'en emparer.

Blocus.

Les Allemands ont bloqué les villes de Metz et de Paris. Ils ont pu établir une ligne de combat entourant ces deux Places, et la rendre très-forte par le choix judicieux des positions et à l'aide des ressources de la fortification passagère.

Cette ligne de combat, assez éloignée de la Place pour n'avoir rien à craindre de son canon, n'était exposée qu'aux coups de l'armée assiégée tentant une sortie.

Effectif de l'assiégeant. Il fallait, pendant l'organisation de cette ligne, que l'assaillant fût très-supérieur en forces au défenseur, afin de le refouler dans la Place et de l'empêcher d'en sortir. Mais, dès qu'elle était complètement organisée, elle constituait, pour l'assaillant, une position défensive, derrière laquelle il résistait facilement à toutes les tentatives de sortie de l'armée assiégée : de sorte, qu'à partir de ce moment, il suffisait que l'armée de siège fut à peine supérieure en nombre à la garnison, pour la tenir enfermée dans la Place.

Cette ligne de combat formait, autour de la Place, une ligne d'investissement lui coupait toutes communications avec l'intérieur, et l'empêchait de se ravitailler. L'assaillant n'avait ainsi qu'à attendre, dans ses positions, que la garnison et la population eussent épuisé tous leurs approvisionnements.

C'est ainsi que les Places de Paris et de Metz

se sont rendues après avoir consommé tous leurs vivres. Et cependant, dans cette dernière, se trouvait une armée nombreuse et puissante, laquelle n'a plus pu sortir, après qu'elle a eu commis la faute de s'enfermer dans Metz et de laisser l'ennemi organiser sa ligne d'investissement.

Avant 1870, on pensait que ces grandes places ne pouvaient pas être investies. On supposait que la ligne d'investissement serait trop faible et qu'elle serait facilement percée par les sorties des défenseurs.

Les événements ont démontré le contraire, et cela, quel que fût l'effectif des troupes assiégées. La garnison d'une place, à partir du moment où elle est investie, ne peut donc faire aucune opération extérieure ayant pour but de forcer la ligne d'investissement. Elle ne peut servir qu'à la défense propre de cette place.

Il faut, par suite, ne lui donner que l'effectif strictement nécessaire pour faire une résistance aussi longue que possible. Tout corps de troupe, ajouté à cet effectif, est soustrait aux armées qui tiennent la campagne et diminue leurs chances de succès. Il n'augmente en rien la vigueur de la résistance de la Place. Il consomme une partie des vivres et abrège ainsi la durée de la défense.

Etendue de la Place. Il ne faut donc pas chercher à augmenter le périmètre des forteresses, pour leur permettre de contenir des troupes destinées à faire des opérations extérieures. Il suffit de leur donner l'étendue reconnue nécessaire pour que les fortifications soient placées dans les meilleurs conditions possibles au point de vue de leur résistance à une attaque régulière.

En continuant l'étude des sièges de 1870, on reconnaît, ainsi que cela avait été prévu, que la lutte d'Artillerie joue un rôle capital dans l'attaque et la défense d'une place.

A Strasbourg, il n'y avait pas de forts détachés. La garnison n'avait qu'un effectif de 11.000 hommes, et était composée en grande partie de troupes irrégulières. Elle était trop faible pour disputer à l'ennemi le terrain extérieur. Elle fut réduite à défendre seulement l'enceinte et ses dehors.

L'assaillant put ainsi installer facilement ses batteries de siège sur des positions rapprochées de la Place. Il éteignit le feu de l'Artillerie de la défense, et rendit dès les premiers jours les remparts intenables, ce qui lui permit de faire ses travaux d'approche. Il arriva facilement à faire brèche de loin aux escarpes. Ainsi à Strasbourg, grâce à la supériorité qu'ils ont acquise dès le début sur l'artillerie de la place, les Allemands ont pu mener rapidement les opérations du siège.

Belfort.

A Belfort, au contraire, l'artillerie de la défense a constamment lutté contre celle de l'attaque; et c'est à ce fait qu'il faut attribuer en grande partie la longue durée de la résistance de cette Place. Le Colonel Denfert a utilisé la grande portée et la précision du tir de l'Artillerie rayée de place pour appuyer la défense extérieure active. Voici comment il a expliqué sa tactique dans le discours qu'il a prononcé le 16 Mars 1874 à l'Assemblée Nationale:

« Je me suis proposé de m'opposer de tout mon pouvoir, « par l'emploi de l'artillerie rayée de la place, à la prétention que « l'assiégeant manifesterait de nous refouler dans l'intérieur des « remparts. J'ai fait occuper, par les troupes sous mes ordres, tous « les villages, tous les obstacles, tous les bois, dans lesquels ou der- « rière lesquels des fusiliers pouvaient être protégés par l'Artillerie « de la fortification. Il a fallu alors que l'ennemi, avant de nous « refouler dans la Place, fît l'attaque successive de toutes ces po- « sitions. »

« De la défense de Belfort on peut déduire le principe tech- « nique suivant: Une batterie rayée placée derrière une fortification « permanente, c'est-à-dire dans une position inabordable à l'en- « nemi, peut protéger efficacement, jusqu'à une distance de 2 Kilom. « des troupes d'infanterie, même encore peu exercées, occupant « une ligne de bataille constituée par des villages, clôtures, bois « et obstacles de toutes sortes. »

Deux éléments essentiels doivent donc concourir à la défense d'une place:

1° La ligne des fortifications, qui agit par son artillerie de gros calibre.

2° La position avancée de la défense, placée à environ 2 Kilom. en avant, et occupée par l'infanterie et par les canons de campagne

Cette position avancée est rendue très-forte par l'appui que lui donne l'Artillerie de la Place. A son tour, elle protège cette artillerie en empêchant l'ennemi d'installer ses batteries d'attaque sur des positions trop rapprochées.

Nous avons dit que, dans les places fortes, la population civile avait généralement peu de pertes à subir du fait du bombardement. Cela provient de ce que la ville offre un but d'une très-grande étendue et que le nombre des projectiles tombant par unité de surface est relativement petit.

Il n'en est pas de même quand le bombardement s'adresse à la fortification même ou à un fort. Le but est alors très-petit: le nombre des projectiles tombant sur un petit espace est tellement grand qu'aucune partie ne peut leur échapper. Il est donc indispensable, dans les forts et dans la fortification, de se garantir contre l'action de l'artillerie et pour cela: 1° de défiler toutes les maçonneries; 2° de mettre sous des voûtes à l'épreuve le logement des hommes, et les divers magasins; 3° de créer des communications couvertes ou défilées pour que les défenseurs puissent, pendant la lutte d'artillerie, et sous le bombardement, se transporter partout où leur présence est nécessaire.

Résumé.

En résumé, les conclusions à tirer de l'expérience de la guerre de 1870 sont les suivantes:

1° Les places à simple enceinte ne doivent succomber que devant une attaque entreprise avec des canons de gros calibres.

2° Les places fortes ne doivent avoir que la garnison et l'étendue strictement nécessaires pour résister aussi longtemps que possible. Cette condition entrera en ligne de compte lorsque nous déterminerons la distance des forts détachés à l'enceinte

3° Dans tout siège, l'artillerie joue un rôle prépondérant. La fortification devra donc permettre à l'artillerie de la défense de lutter le plus longtemps possible contre celle de l'attaque. Elle devra également appuyer la position avancée de la défense.

Grandes forteresses.

Pour les raisons qui ont été exposées dans la 1ère partie du cours et auxquelles l'expérience de la dernière guerre n'a fait que donner une nouvelle force, les grandes forteresses sont seules susceptibles de faire une longue résistance devant un siège régulier. Elles doivent comprendre : 1° une enceinte continue englobant les habitations civiles et les établissements militaires.

2° Une ligne de combat, formée par une ceinture de forts détachés, placés assez loin de l'enceinte pour mettre la Ville à l'abri du bombardement. Cette ligne doit, d'après ce que nous venons de dire, faciliter la lutte d'artillerie, et appuyer de ses feux la position avancée de la défense.

On lui a donné tantôt le nom de 1ère ligne de défense, et tantôt celui de ligne principale de défense. Pour éviter toute confusion, nous n'emploierons que cette dernière dénomination.

Dans la prochaine leçon, nous examinerons l'organisation qui a été donnée à la ligne principale de défense pendant la période de 1874 à 1885.

2e Leçon

Organisation de la ligne principale de défense. — (Période de 1874 à 1885).

Nous avons vu, dans la dernière leçon, que la ligne principale de défense devait satisfaire aux conditions suivantes:

1° Mettre la Ville à l'abri du bombardement;

2° Soutenir la position avancée de la défense;

3° Faciliter la lutte d'Artillerie.

A ces 3 conditions, il convient d'en ajouter une 4e dont la nécessité est évidente:

Etre en état de résister aux assauts de l'ennemi.

1ère Condition. L'obligation de soustraire la ville aux effets du bombardement a fait dédoubler la ligne de fortifications dont on entourait autrefois les Places fortes. Cette ligne a été ainsi séparée en deux: 1° une enceinte de sûreté, englobant toutes les habitations, 2° une ligne de combat, constituée par la ceinture des forts, et reportant la lutte assez loin de la ville pour empêcher les batteries de l'assaillant de la bombarder. Il faut pour cela que les forts soient assez éloignés de la ville. Cette condition nous permettra de déterminer, plus tard, la distance minima qui doit exister entre les forts et l'enceinte.

2e Condition.

En ce qui concerne la 2e condition ; soutenir la défense extérieure, nous avons vu, à propos du siège de Belfort, combien la défense peut retarder la marche de l'assaillant ; en occupant, jusqu'à 2 et 3 Kilomètres en avant de la ligne des forts, tous les obstacles que présente le terrain, en s'y maintenant, sous la protection du canon de ces forts, et en disputant ce terrain pied à pied.

Cette position avancée de la défense ne forme pas une ligne continue. Elle est constituée par une série de centres de résistance, formés par des villages, ou par des bois, organisés défensivement, ou même par des ouvrages de campagne établis sur des emplacements favorables.

Le rôle de la ligne principale de défense sera de battre par son artillerie les intervalles qui séparent les centres de résistance. Elle devra aussi tirer sur le terrain situé en avant de ceux-ci. L'ennemi qui les attaquera sera ainsi obligé de marcher sous le feu de l'artillerie de la ligne principale de défense; soit qu'il les aborde de front; soit, qu'il veuille les tourner en passant par les intervalles.

La ligne principale de défense doit donc bien découvrir la zône de terrain qui se trouve en avant d'elle, entre 2 et 4 Kilomètres de distance. Il faut, pour cela, qu'elle occupe les positions culminantes.

3e Condition. Nous nous occuperons tout à l'heure, de la façon dont il convient d'installer l'Artillerie pour qu'elle puisse satisfaire à la 3e condition: Soutenir la lutte contre les canons de l'assaillant.

Ligne non continue. La ligne principale de défense étant chargée de supporter presque tout l'effort de l'attaque, comment faut-il l'organiser? Doit-on en faire une ligne continue de fortification permanente? Une 2e enceinte entourant la première, et capable de résister sur tous les points aux attaques de vive force et par surprise? Il suffit de se rendre compte de la dépense considérable qu'entraînerait une pareille solution pour voir qu'il est impossible de l'admettre.

On a donc dû se contenter de jalonner la ligne principale de défense par une série de forts isolés, mais placés de telle façon qu'ils puissent se prêter un mutuel appui.

Forts.

Ces forts, comme l'enceinte de sûreté, doivent être à l'abri d'une attaque de vive force ou par surprise. Pendant les premiers jours de la guerre, les intervalles entre les forts ne sont pas encore défendus par la fortification passagère, et un ennemi entreprenant pourra peut-être se glisser dans ces intervalles. Après quoi, il cherchera soit à prendre les forts par la gorge qui est toujours le côté le plus faible; soit à pénétrer dans la ville en forçant l'enceinte.

Les forts et l'enceinte doivent être, dès le temps de paix, organisés de façon à résister à une pareille attaque. Cela sera d'autant plus facile que, pendant la période considérée, qui est celle de la mobilisation, l'ennemi ne pourra disposer que d'un effectif restreint pour tenter une pareille entreprise.

Mise en état de défense.

Dès que la guerre sera déclarée, on devra s'occuper de la mise en état de défense de la Place, et en particulier des intervalles des forts. On protégera ces intervalles au moyen de la fortification passagère, et on donnera ainsi à la ligne principale de défense la force qu'on n'a pas pu lui donner en temps de paix.

Cette ligne, solidement appuyée aux forts, soutenue en arrière par le noyau central, devra être en état de résister à toutes les attaques de l'ennemi, car elle constitue la position la plus forte de la Place.

Une fois qu'elle sera prise, on sera près du terme de la résistance.

Assauts. Les forts qui sont les points solides de cette ligne, doivent donc pouvoir résister aux assauts que leur livrera l'ennemi. Il faut pour cela qu'ils découvrent bien tout le terrain rapproché qui les entoure et que l'ennemi est obligé de parcourir pour les aborder.

Troupes. Les troupes chargées de la défense d'une grande forteresse se divisent en trois parties :

1°. Les garnisons des forts ;
2°. Les troupes de secteur ;
3°. La réserve générale.

Garnisons. Les garnisons des forts ne doivent jamais les quitter. Si elles les abandonnaient pour tenter une opération au dehors, elles pourraient en compromettre la sécurité. Elles doivent seulement aider par leur feu ou par celui de l'artillerie de la fortification, les troupes qui opèrent à l'extérieur.

Ces garnisons seront permanentes. Ce n'est qu'ainsi qu'elles arriveront à connaître toutes les ressources dont elles disposent et les moyens de les employer, soit pour secourir la défense extérieure, soit pour résister aux attaques dont elles seront l'objet.

Troupes de secteur. Les troupes de secteur, chargées de la défense extérieure, occuperont, en dehors des ouvrages permanents, la position avancée de la défense, et la ligne principale de défense.

Réserve générale. Enfin, la réserve générale, placée sous l'autorité immédiate du Gouverneur, exécute les opérations extérieures et sert éventuellement à renforcer les troupes de secteur dans la zône des attaques.

Aperçu des opérations de l'attaque et de la défense d'une grande forteresse.

Afin de nous rendre compte de la valeur de l'organisation défensive, dont nous venons de donner les principes, nous allons examiner succinctement les moyens à employer pour faire le siége régulier d'une grande forteresse ainsi organisée.

Investissement. L'assaillant commence par établir une ligne d'investissement autour de la Place, afin de la priver de toute communication avec l'extérieur. La position de combat de cette ligne est à environ 5 à 6 Kilomètres, de la ligne principale de défense, de façon à n'avoir pas trop à craindre de la grosse artillerie de la Place.

Cette position de combat, une fois organisée, permet de repousser toutes les sorties de l'assiégé. Elle est occupée par les troupes de l'assaillant, qui de là s'étendent vers la Place et poussent leurs sentinelles jusqu'au contact avec celles du défenseur.

La position avancée de la défense, à 2 ou 3 Kilomètres en avant de la ligne des forts, bien appuyée par l'artillerie de cette ligne, et solidement organisée, est occupée par les troupes de secteur, munies de canons de campagne.

Attaque lointaine.

L'assaillant ne peut s'emparer de cette position avancée qu'après avoir fait taire momentanément l'artillerie de la ligne principale de défense. Il installe à cet effet, à 5.000^{m} environ des forts, des batteries de pièces à longue portée, (c'est-à-dire de canons de 155 longs et de 120). Il engage, à cette distance, une lutte d'artillerie, à la suite de laquelle, les canons de la défense, sans être détruits, ne peuvent plus tirer à cause de la grêle de mitraille qu'ils reçoivent.

La position avancée de la défense, privée du secours de l'artillerie de la ligne principale, peut alors être abordée par l'assaillant. Celui-ci, après s'en être emparé, s'y retranche afin de pouvoir résister à tout retour offensif de l'assiégé.

Zône des attaques.

Cette période de l'attaque, que l'on peut appeler période de la lutte lointaine, exige de la part de l'assaillant un effort considérable, et la mise en batterie d'un très-grand nombre de pièces à longue portée. Ses ressources ne lui permettront pas de l'entreprendre sur tout le pourtour de la Place. Aussi se contentera-t-il, après avoir organisé solidement sa ligne d'investissement, de choisir une zône correspondant à 3 ou 4 forts, qu'il aura reconnu présenter le plus de facilités pour l'attaque. C'est dans cette zône, appelée zône des attaques, qu'il s'emparera de la position avancée de la défense et qu'il développera ses opérations ultérieures.

La défense:

L'artillerie à longue portée de la défense a été réduite au silence; mais elle n'est pas anéantie. Ses batteries de canons courts, cachées aux vues de l'assiégeant, et tirant à feux courbes, avaient une portée insuffisante pour prendre part à la lutte lointaine. Elles sont intactes et ont une action très-efficace sur la position avancée de la défense, actuellement occupée par l'assaillant. Le défenseur a armé de nouvelles batteries sur la partie attaquée de la ligne principale de défense.

Dès qu'il a vu où était le point d'attaque choisi par l'ennemi, il a commencé l'organisation d'une 2e ligne de défense, appelée ligne de soutien, placée entre la ligne principale de défense et le noyau central, et appuyée aux forts non attaqués. Cette ligne de soutien jouera, par rapport à la ligne principale de défense, le même rôle que celle-ci a joué par rapport à la position avancée. Le défenseur y installe des batteries à longue portée, destinées à soutenir la ligne principale de défense.

Batteries de 1ère position.

Les batteries lointaines de l'attaque ne sont pas en état de faire taire l'artillerie de la nouvelle organisation de la défense. L'assaillant est donc obligé de procéder à l'installation de nouvelles batteries, appelées batteries de 1ère position, et placées entre 3.000 et 5000 mètres de la ligne principale de défense. Elles comprennent : 1° des batteries hors de vue, armées de canons courts, destinées à ruiner les abris des forts, et à contre-battre les pièces hors de vue de la défense, 2° des batteries de pièces longues, opposées aux pièces à longue portée de la ligne principale de défense et de la ligne de soutien.

Batteries de 2e position.

L'assaillant engage la lutte avec toutes ces batteries de 1ère position et finit par avoir le dessus. Le défenseur est suffisamment ébranlé pour que l'on puisse rapprocher un certain nombre de pièces. On les installe dans des batteries de 2e position, placées assez près pour achever la ruine de la ligne principale de défense, et contrebattre efficacement l'artillerie de la ligne de soutien.

Attaque rapprochée. En même temps que les batteries de 2e position, et un peu en avant pour les protéger, on construit la 1ère parallèle, à 1.000 mètres environ de la ligne des forts. Alors commence l'attaque rapprochée. On pousse les cheminements en avant, en se conformant aux principes posés par Vauban.

Les travaux d'approche marchent rapidement, l'artillerie de la défense étant détruite. On construit une dernière place d'armes, assez vaste pour contenir toutes les troupes destinées à donner l'assaut, assez rapprochée des forts vers lesquels on chemine pour que les colonnes d'assaut ne restent exposées au feu des défenseurs que pendant très-peu de temps.

Les ouvrages sont, du reste, entièrement ruinés par les batteries de 1ère et de 2e position, qui ont ouvert des brèches à distance. Si la contrescarpe tient encore, on la fait sauter par un fourneau de mine. L'assaut, ainsi préparé a les plus grandes chances de réussir. L'assaillant, maître de la ligne des forts, s'y retranche et la retourne contre la ligne de soutien.

Ligne de soutien. Nous avons dit que la défense a commencé à organiser cette ligne de soutien dans la zône des attaques dès qu'elle a pu se rendre compte du côté par lequel attaquait l'ennemi. Cette ligne ne peut pas avoir la même valeur que la ligne principale de défense. L'étude en est faite, en temps de paix, pour tous les secteurs de la Place; mais l'exécution n'en est commencée qu'au moment du besoin, dans les secteurs attaqués.

Les forts de cette ligne ne seront généralement que des ouvrages de fortification demi-permanente. Le plus souvent on n'aura eu le temps de lui donner qu'une force de résistance très-limitée. Il n'en faut pas moins l'organiser et lui donner le plus de solidité que l'on pourra. Ne retarderait-elle que de quelques jours la chûte de la place, ce résultat peut avoir les conséquences les plus heureuses sur l'issue de la campagne.

Aussi sa création est-elle imposée par le Décret du 26 Octobre 1883, portant règlement sur le service des armées en campagne, dans lequel nous lisons à l'art. 285.

« Après la chute des forts de 1ère ligne, le Gouverneur « reporte des forces mobiles sur les positions qu'il a fait « organiser et armer en arrière. Il défend cette 2e ligne « comme la 1ère et oblige l'ennemi, pour la faire tomber, à « entreprendre le siège des forts collatéraux, auxquels sont « appuyées ses extrémités. »

Aussitôt installé sur la ligne des forts, l'assaillant

entreprend la lutte d'artillerie contre la ligne de soutien, avec les batteries qu'il avait installées contre la ligne principale de défense. Les batteries de 1ère position deviennent batteries lointaines. Les batteries de 2e position deviennent batteries de 1ère position. Enfin, on installe, si c'est nécessaire de nouvelles batteries de 2e position.

Dès que la ligne de soutien aura été suffisamment ruinée, l'assaillant pourra généralement l'enlever de vive force. Si la position est trop forte, et la défense assez énergique, il faudra exécuter une attaque rapprochée.

Quand on est maître de la ligne de soutien, on n'a plus devant soi que l'enceinte dont on s'empare de la même façon; soit de vive force; soit, par une attaque régulière.

Il y a lieu de remarquer que le bombardement de la ville peut être entrepris, dès qu'on est maître de la ligne des forts; et que, dans beaucoup de cas, il amènera la reddition de la Place, sans qu'il soit nécessaire d'attaquer l'enceinte et même la ligne de soutien.

Résumé. En résumé, le siège d'une grande forteresse comporte 3 grandes périodes:

1° L'investissement, créé tout autour de la Place, par les troupes de siège. Dès qu'il est terminé, la Place n'a plus aucun espoir de le rompre par une sortie.

2°. La lutte éloignée qui s'engage dans la zône des attaques seulement. Elle est caractérisée par le combat des batteries lointaines de l'attaque contre l'artillerie de la ligne principale de défense. Elle se termine par l'enlèvement de la position avancée de la défense. Cette période sera la plus importante et la plus longue si la défense est bien conduite.

3°. L'attaque rapprochée, soutenue en partie par les batteries lointaines, et surtout par les batteries des 1ère et de 2e position. Elle comprend les travaux d'approche contre les forts, et se termine par la prise de la ligne principale de défense.

Le siège se continue alors par l'attaque de la ligne de soutien, puis par celle de l'enceinte. La durée de ces attaques sera généralement très courte.

Installation de l'Artillerie sur la ligne principale de défense.

Dans les diverses opérations de l'attaque et de la défense d'une Place, l'Artillerie joue un rôle considérable. L'assaillant ne peut songer à attaquer sérieu-

-sement une position que lorsqu'il a réduit au silence le canon qui la soutient. Il est donc de la dernière importance de placer l'Artillerie de la défense dans les conditions les plus favorables pour la lutte ; de lui permettre de produire le meilleur effet utile, tout en la protégeant le mieux possible contre les effets des projectiles ennemis.

L'artillerie de la défense se divise en deux parties :

1°. L'Artillerie de garnison, chargée de la garde et de la conservation des ouvrages.

2°. L'Artillerie de combat, dont l'action se fait sentir au delà de la ligne principale de défense.

Artillerie de garnison. La première doit mettre les forts à l'abri des attaques de vive force, et obliger ainsi l'assaillant à faire une attaque régulière. Lorsque celle-ci est entamée, le rôle de l'artillerie de garnison est de tirer sur les cheminements, de ralentir les travaux d'approche.

Des pièces de petit calibre et des canons à tir rapide suffiront pour remplir ce rôle. Pendant la lutte d'artillerie, à laquelle elles ne doivent pas prendre part, ces pièces seront conservées sous des abris, et leur légèreté permettra de les monter rapidement sur le rempart au moment du besoin.

Elles tireront sur le terrain qui environne le fort. Quelques-unes seront chargées de battre les intervalles entre les forts et les abords des forts voisins, c'est-à-dire de flanquer la ligne principale de défense.

Artillerie de combat. L'Artillerie de combat est destinée :

1° A gêner l'établissement de la ligne d'investissement, et à forcer l'ennemi à tenir cette ligne le plus loin possible de la Place. Plus cette ligne sera éloignée, plus son périmètre sera grand et plus il faudra de monde à l'assaillant pour la défendre.

2° A battre les flancs et les abords de la position avancée de la défense.

3° A ruiner les batteries que l'assaillant installera pour préparer l'attaque de la position avancée de la défense.

4° A lutter contre l'artillerie qui lui sera opposée pour l'empêcher de remplir son rôle.

Emplacement. L'artillerie de garnison ne peut être placée que dans l'intérieur des forts. Quant à l'artillerie de combat la question de son emplacement a été longtemps discutée. Le Général de Villenoisy en 1871 et le Général Cadart en 1873, ont soutenu la thèse de la dissémination de l'artillerie dans les intervalles des forts. Considérant ces ouvrages uniquement comme de solides points d'appui, ils demandaient que l'artillerie fût placée dans des batteries construites en dehors, mais sous leur protection.

Ces batteries ainsi disséminées, pourraient lutter avec avantage, contre le tir de l'assaillant. Tandis que l'artillerie, concentrée dans les forts, exposée au tir convergent de l'attaque, se trouverait dans une situation très-désavantageuse.

Cependant, les Officiers d'artillerie hésitaient beaucoup à mettre leurs pièces en dehors des forts. Ils préféraient les laisser dans ces ouvrages, où elles étaient à l'abri de toute surprise. La solution, consistant à grouper l'artillerie dans les forts, fut donc adoptée, et prescrite dans l'Instruction du 9 Mai 1874.

D'après cette instruction, toutes les pièces de gros calibre doivent être placées dans les forts. Les pièces de moyen et de petit calibre pourront dans certains cas, être placés dans des batteries annexes.

Ces batteries se divisent en deux catégories, suivant qu'on les construit dès le temps de paix, ou qu'on attend le moment du besoin pour les établir. Elles sont, dans ce dernier cas, appelées batterie de circonstance.

Fortins. Les batteries, construites en temps de paix, sont destinées à compléter l'action des deux forts voisins, à découvrir des plis de terrain qui échappent aux vues de ces ouvrages. Elles ont leur armement propre, leurs moyens de flanquement et leurs abris. Ce de véritables petits forts.

Batteries de circonstance. Quant aux batteries de circonstance, ce sont des épaulements improvisés, armés de pièces des plus faibles calibres, situés en arrière et sous la protection de la ligne des forts.

Avantages. Les forts étant placés sur les points culminants qui découvrent le mieux le terrain extérieur, la concentration de l'artillerie dans ces ouvrages permettait de satisfaire à trois des conditions que l'on demande à cette artillerie :

1°. Gêner la ligne d'investissement ;

2°. Battre les flancs et les abords de la position avancée de la défense ;

3°. Tirer sur les batteries que l'assaillant installera pour préparer l'attaque de la position avancée de la défense.

Inconvénients. Malheureusement cette concentration plaçait l'artillerie dans les conditions les plus mauvaises pour soutenir le combat.

Pendant la lutte éloignée, l'attaque a l'avantage de pouvoir disséminer ses batteries, de les placer dans une position enveloppante par rapport au fort. Elle trouve facilement des emplacements, protégés par les formes ou les accidents du terrain, qui les défilent des vues de la défense.

L'artillerie des forts au contraire, soumise à des feux convergents, qui la prennent de face, d'écharpe et de flanc, sera dans un état d'infériorité complète. On a protégé les pièces contre les coups d'écharpe et de flanc en plaçant, à droite et à gauche de chacune d'elles une traverse-abri, dépassant la crête de 2m. 50. On a ainsi constitué une véritable embrasure, visible de très-loin, et très-facile à atteindre par le tir de l'ennemi.

Ces traverses ont en outre l'inconvénient de limiter le champ de tir des pièces, de sorte que les canons d'un fort ont chacun un objectif déterminé, et se trouvent dans l'impossibilité de concentrer leurs feux sur un point. Et s'il s'agit de tirer sur une batterie de l'attaque, on trouvera dans un fort à peine deux ou trois canons en état de le faire.

Cette concentration de l'artillerie dans les forts augmente l'efficacité du tir de l'assiégeant, qui ne perd aucun de ses coups. Le fort offre un but très-grand. Tout projectile, lancé contre lui, tombe à coup sûr dans l'ouvrage et a les plus grandes chances de produire un effet utile soit contre l'armement, soit contre les obstacles, soit contre le personnel.

Ainsi l'artillerie, groupée dans les forts, se trouve dans des conditions désavantageuses pour tirer contre l'artillerie ennemie, et elle est mal protégée contre celle-ci.

Pour obvier à tous ces inconvénients, il faut que la défense disperse et dissimule son artillerie; et pour cela, qu'elle la place en dehors des forts.

Elle offrira ainsi un but difficile à atteindre. Elle obligera l'ennemi à dédoubler ses batteries, les unes tirant sur les forts, et les autres sur l'artillerie placée en dehors.

On avait commencé à reconnaître les avantages de cette dissémination, et on avait admis qu'une partie de l'armement de la ligne principale de défense serait placé en dehors des forts, dans des batteries de circonstance, lorsqu'en 1885, l'invention de l'obus-torpille est venue bouleverser les conditions de résistance de la fortification.

Pour soutenir la lutte d'artillerie, engagée avec les nouveaux projectiles, il faut plus que jamais dissimuler et disperser les bouches à feu. Il est admis actuellement que la totalité de l'artillerie de combat sera disséminée le long de la ligne principale de défense.

Emplacement des ouvrages.

Pour déterminer les emplacements sur lesquels doivent être construits les forts de la ligne principale de défense, il y a lieu de chercher d'abord à qu'elle distance ces forts doivent être du noyau central, puis qu'elle est la longueur de l'intervalle qui doit séparer deux forts voisins.

Ces deux dimensions théoriques, fixées en vue des conditions générales à remplir, donnent pour chaque fort un point sur le terrain. On cherchera alors, dans les environs de ce point, la position qui se prête le mieux à l'établissement d'un ouvrage.

Distance minima des forts au noyau central.

La distance théorique minima des forts à l'enceinte du noyau central est déterminée par la condition de préserver celui-ci du bombardement. La portée maxima utile des pièces à longue portée est de 8 Kilomètres. Les forts doivent donc empêcher l'assaillant d'installer des batteries à une distance de l'enceinte inférieure à 8 Kilomètres.

Deux cas peuvent se présenter, suivant que la position avancée de la défense est abandonnée ou occupée par le défenseur.

1er Cas.

Dans le premier cas, la ligne principale de défense s'oppose seule à l'établissement des batteries de l'assaillant. Celles-ci ne pourront pas être placées à moins de 2 Kilomètres des forts. Si elles étaient plus près, elles seraient rendues intenables par l'artillerie des forts et par les feux de mousqueterie tirés par les avant-postes de la ligne principale de défense. Dans ce cas, il faut donc què les forts soient à 6^{k} de l'enceinte.

2e Cas. Mais dans toute défense bien conduite, l'assiégé occupera la position avancée de la défense à 2 ou 3^{k} en avant de la ligne principale de défense. Tant qu'il y restera, les batteries ennemies ne pourront pas être placées à une distance de cette position inférieure à 2 Kilomètres, c'est-à-dire, à 4 ou 5 Kilomètres de la ligne des forts.

En conséquence, les forts placés à 3 ou 4 Kilomètres seulement de l'enceinte préserveront le noyau central du bombardement, tant que l'ennemi ne se sera pas emparé de la position avancée de la défense.

La ligne principale de défense doit fournir une longue résistance. Pendant la durée de cette résistance, lorsque la position avancée de la défense est tombée, il ne faut pas que la Ville puisse être bombardée. Nous admettrons donc d'une façon générale que la distance minima des forts à l'enceinte est de 6^{k}. Toutefois cette distance minima pourra être réduite à 4 et même 3 Kilomètres dans les secteurs où la position avancée de la défense est très forte.

Nous avons vu, dans le cours de la dernière leçon qu'il convient de ne donner à une forteresse que la garnison et l'étendue strictement nécessaires pour qu'elle puisse faire une bonne défense. Il faudra donc placer toujours les forts à la distance minima de l'enceinte telle que nous venons de la déterminer.

Avantages de l'augmentation de distance.

L'augmentation de cette distance aurait l'avantage d'augmenter la longueur de la ligne d'investissement ; et d'obliger par suite l'assaillant à lui consacrer un effectif de troupes plus considérable. En outre, la profondeur du terrain à conquérir par l'ennemi serait accrue, ce qui permettrait de prolonger la durée de la résistance de la Place.

Inconvénients.

Le premier avantage est illusoire. Car, si l'effectif de l'armée de siège est augmenté, celui de la garnison l'est également, par suite de l'augmentation du périmètre de la défense.

Quant au 2e avantage, il ne faut non plus lui attribuer aucune importance. Toute la résistance de la Place se produit dans une zône comprise entre la ligne des forts et une

une autre ligne située à 3 Kilomètres en avant de la première. C'est là que l'assiégé doit concentrer tous ses efforts pour arrêter l'attaque. La défense de cette zône est appuyée par le canon de la position de soutien, qui sert en outre de refuge à l'assiégé quand il est chassé de la ligne principale de défense. Or, cette position de soutien peut-être très facilement organisée dans l'intervalle minima qui doit séparer les forts de l'enceinte.

A partir du moment où la ligne principale de défense est prise, et où l'ennemi attaque la ligne de soutien, les jours de la Place sont comptés. L'augmentation du terrain qui reste à conquérir, pour arriver jusqu'au noyau central, aura une influence à peu près nulle sur la durée de la défense.

Toutes les fois que ce sera possible, il faudra donc placer les forts à la distance minima de l'enceinte.

Pour permettre à un fort de jouer le rôle pour lequel on l'établit, l'étude du terrain conduit parfois à le placer à une distance de l'enceinte, inférieure ou supérieure à la distance théorique, que nous venons de déterminer.

Examinons quelles sont les conséquences de ces modifications?

Diminution. Occupons-nous d'abord de la diminution de la distance théorique d'un fort à l'enceinte. Nous avons vu que le minimum de cette distance était de 6K, et que dans certains cas, il pouvait être réduit jusqu'à 3K, eu égard à la résistance prolongée que doit fournir la position avancée de la défense.

La diminution de cette distance a l'avantage de réduire l'effectif de la garnison nécessaire pour la défense. Mais elle a le grave défaut d'exposer la ville au bombardement. Et, en principe, il ne faut pas descendre au-dessous du minimum de 6 à 3 Kilomètres suivant les cas.

Augmentation. Lorsque la distance d'un fort à l'enceinte n'est augmentée que de quelques centaines de mètres, il n'y a pas lieu de s'en préoccuper. Mais, si l'augmentation est grande, si elle atteint par exemple un ou plusieurs Kilomètres, il en résulte de réels inconvénients. Le nombre des défenseurs nécessaires se trouve augmenté.

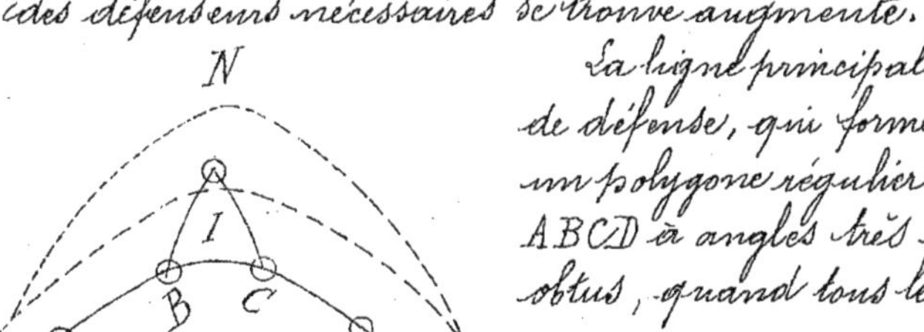

La ligne principale de défense, qui forme un polygone régulier ABCD à angles très obtus, quand tous les forts sont également éloignés de l'enceinte, se transforme et présente un saillant dangereux en I, emplacement du fort qui a été éloigné de l'enceinte. Ce fort peut facilement être enveloppé par les batteries ennemies, qui l'accableront de leurs feux convergents.

La position avancée de la défense présentera elle-même un saillant prononcé en N. Elle y sera exposée aux feux de face et de flanc de l'assiégeant. La protection qu'elle tirera de l'artillerie de la ligne principale de défense sera de beaucoup diminuée. Elle sera réduite à celle du fort I, les autres forts B et C étant trop éloignés.

Deux solutions peuvent être adoptées pour remédier à ces inconvénients.

1° Si le terrain s'y prête on avancera les forts voisins de façon à régulariser la ligne principale de défense.

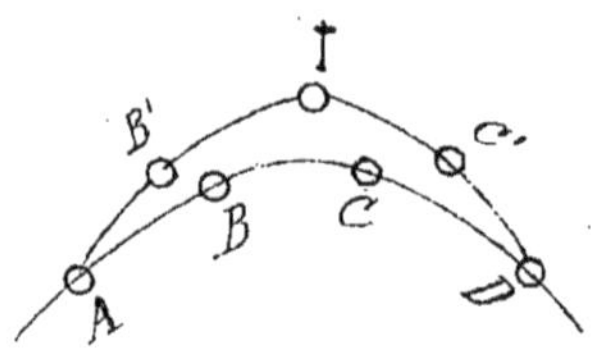

Dans ce cas, on sera conduit à augmenter le nombre des forts : et le périmètre, au lieu d'être ABCD, deviendra AB'IC'D.

2° Le terrain ne permet pas toujours d'adopter cette solution, par exemple, lorsque les points B' et C' ne peuvent pas être occupés à cause des formes du terrain. Il faut alors se résoudre à donner au fort une organisation spéciale, analogue à celle que nous étudierons plus tard pour les forts isolés, lesquels peuvent être complètement enveloppés.

Ces deux solutions ont été adoptées, la première à Reims et la seconde à Langres.

Reims. (fig. 1).

La ville de Reims est bâtie en plaine, à 8^K au nord de la montagne de Reims. Autour de cette place, s'élèvent le massif de Brimont à 9^K au Nord, et celui de Nogent-l'Abbesse à 7^K.500 à l'Est. L'occupation de ces positions s'imposait. On ne pouvait pas, en effet, construire, au pied de ces massifs, du côté de la Place, des forts qui auraient été entièrement dominés et rendus intenables par l'Artillerie de l'ennemi, installée sur ces hauteurs.

D'un autre côté, l'établissement des ouvrages sur ces hauteurs, permettait de voir au loin la campagne pour gêner l'investissement, et de bien surveiller les abords et les flancs de la position avancée de la défense. Aussi a-t-on construit, sur la hauteur de Brimont, le fort de même nom, et sur la hauteur de Nogent-l'Abbesse, les deux forts de Vitry-les-Reims et de Nogent-l'Abbesse.

Ces deux groupes d'ouvrages ont été reliés par le fort de Fresnes, qui assure la continuité de la ligne principale de défense. Le fort de Pompelles relie le fort de Nogent l'Abbesse à celui de Montbré, placé à 5k.500 au Sud de la ville.

On a porté le fort de Pompelles à 7k. de la ville au lieu de le laisser à la distance théorique de 6k.; on a ainsi diminué l'angle du saillant de Nogent-l'Abbesse, et on a obtenu un polygone à peu près régulier.

Langres. (fig. 2). La position de Langres est limitée au Nord par le ravin profond de Neuilly, qui court de l'Est à l'Ouest, et dans lequel passe le chemin de fer qui va à Mirecourt et à Neufchâteau. Si on avait voulu n'avoir à Langres qu'une place défensive, il aurait suffi de placer la ligne des forts en arrière de ce ravin. Mais on a tenu à occuper les hauteurs situées au Nord du ravin, afin de pouvoir déboucher, avec une armée, sur le plateau, dont ces hauteurs sont le commencement, et qui conduit à Mirecourt.

On a construit, à cet effet, le fort de Dampierre, qui donne à la Place de Langres un caractère offensif. Ce fort, très loin de la Place, pouvant être enveloppé, a été organisé solidement comme un fort isolé. Il a en outre été appuyé par les forts de Saint-Menge et du Plesnoy, qui sont à une distance de la Place plus grande que les autres forts;

et qui ont, par suite, été traités en partie comme des forts isolés.

Distance des Forts entre eux.

La distance entre deux forts consécutifs se déduit de la nécessité de les mettre en état de se soutenir entr'eux. Il faut que les abords d'un fort soient battus par le canon des deux forts voisins, à bonne portée de mitraille, c'est-à-dire à une distance maxima de 3 Kilomètres.

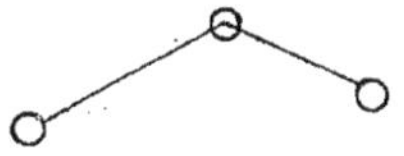

En 1874 on a admis qu'il suffisait de battre l'intervalle entre deux forts voisins par le canon de l'un ou l'autre de ces forts. Cet intervalle a été, par raison d'économie, porté jusqu'à 6K et plus. On a ainsi obtenu une ligne principale de défense peu solide; car chaque fort ne tirait aucune protection des forts voisins.

On supposait, il est vrai, que la longueur de ces grands intervalles serait diminuée, au moment du besoin, par des ouvrages de fortification demi-permanente. Mais dans la plupart des cas on n'aurait pas eu le temps de les construire

Augmentation de l'écartement normal. L'écartement normal de 3K peut être augmenté dans les secteurs où l'attaque est particulièrement difficile. Ainsi les Allemands qui ont adopté le maximum de 3K dans les secteurs d'attaque, admettent 4 et même 5 Kilomètres, dans les autres secteurs.

Quand deux ouvrages voisins sont séparés par un terrain impénétrable tel que des marécages impraticables, ou le bras d'un fleuve difficile à franchir, on pourra admettre entr'eux un intervalle très long. Ainsi, dans les anciennes fortifications de Paris, on a admis, entre le Mont-Valérien et la fortification de Saint-Denis, un intervalle de 12 Kilomètres, (fig. 3). qui est suffisamment défendu par les méandres de la Seine

On a également laissé un long intervalle non fortifié de 12 Kilomètres entre les forts de Vaujours et de Stains, cet intervalle devant être rendu impraticable en temps de siège par les inondations de la Morée.

Diminution. La diminution de la longueur de l'intervalle entre deux forts augmente la valeur défensive de la ligne. Généralement on ne diminue pas cet intervalle par mesure d'économie. On est cependant amené à le faire sur un point d'attaque bien indiqué, pour augmenter sa force de résistance, ou bien lorsque les dispositions du terrain le commandent.

Strasbourg. (fig. 13)

A Strasbourg, la position de Hausbergen (fig. 13) qui est le point d'attaque nettement indiqué, est occupée par 3 forts distants de 1.600^{m} seulement. L'ouvrage qui la flanque à droite est à 1400^{m} et celui qui l'appuie à gauche est à 2.700^{m}.

Verdun.

A Verdun, le terrain sur la rive gauche de la Meuse est découpé par une série de vallons perpendiculaires au fleuve. Pour les bien surveiller et empêcher l'ennemi d'y circuler à l'abri on a dû s'installer sur le prolongement de ces vallons, ce qui a conduit à réduire les intervalles des forts et même à porter quelques-uns d'entr'eux au-dessous de 2 Kilomètres.

Choix définitif des positions.

Nous avons déterminé les distances théoriques d'un fort à l'enceinte, et de deux forts voisins entr'eux. Il nous reste à étudier l'influence que doit avoir le terrain sur le choix définitif de l'emplacement des ouvrages.

Les conditions que doit remplir la ligne

principale de défense, et qui dépendent du terrain sont les suivantes :

1°. Gêner l'investissement de la Place ;

2°. Être dans une situation avantageuse pour la lutte d'Artillerie ;

3°. Protéger par son canon la position avancée de la défense ;

4°. Être en état de résister aux attaques rapprochées.

Dans l'organisation de 1874 à 1885, l'action de la ligne principale de défense était concentrée presque entièrement dans les forts. C'est donc à ces ouvrages que s'appliquent les considérations qui vont suivre.

1ère Condition. La 1ère condition : Gêner l'établissement de la ligne d'investissement sera facilitée si on découvre le terrain aussi loin que possible. Alors, en effet, on pourra obliger l'ennemi à tenir sa position de combat très éloignée de la Place, et par conséquent à élargir le cercle de l'investissement.

On devra s'attacher à battre les voies de communications importantes, les chemins de fer, les ponts jetés sur les cours d'eau, etc... En interdisant à l'ennemi l'usage des voies de communication dans un rayon très étendu autour de la Place, non seulement on lui rend plus difficile le service sur la ligne d'investissement ; mais on le gêne pour toutes les autres opérations du siège qui exigent, sur ces voies de communication, des mouvements continuels de troupe et des transports considérables de matériel.

Ces conditions conduisent toutes à l'occupation des hauteurs qui donnent des vues étendues sur l'extérieur.

2e Condition.

Les hauteurs permettent d'ailleurs de satisfaire aussi à la 2e condition; c'est-à-dire de placer les ouvrages dans une situation avantageuse pour la lutte d'Artillerie.

Des points culminants, en effet, il est plus facile d'observer le point de chûte des projectiles, et par conséquent de régler rapidement le tir. Pour ne pas laisser à l'assaillant ces facilités de réglage de tir, il est important de ne pas être dominé non seulement par les positions où l'ennemi pourra installer ses batteries, mais encore par des points plus éloignés où il établirait des observatoires reliés avec ses batteries par une communication téléphonique.

Les positions culminantes ont un autre avantage. Sur leurs pentes tournées vers le noyau central, on peut développer des communications entièrement défilées de l'ennemi, et reliant les différents points de la ligne de défense entre eux et avec l'enceinte. Les mouvements de troupe et les transports de matériel qui sont très fréquents pendant le siège, pourront s'y effectuer sans être inquiétés par l'assiégeant.

3e Condition. La 3e condition. — Protéger par le canon la position avancée de la défense exige également l'occupation des hauteurs, ainsi que nous l'avons déjà dit au commencement de cette leçon.

4e Condition. Enfin, il faut que la ligne principale de défense soit en état de résister aux attaques rapprochées. Il faut, pour cela, que les forts voient leurs abords immédiats jusqu'à 1 Kilomètre environ afin de gêner par la fusillade et de détruire par le canon les cheminements de l'ennemi ; et aussi afin de découvrir le terrain que doit parcourir l'assaillant s'il tente une attaque brusquée.

Souvent, certains plis de terrain ne pourront pas être vus directement du fort. Il faudra alors que l'un des forts voisins puisse les battre par son canon. Et si on ne peut pas obtenir ce résultat, on demandera cette protection à une batterie-redoute, construite dans les intervalles.

Il est essentiel que les forts, qui sont les points d'appui de la ligne principale de défense, ne puissent pas être enlevés par une attaque de vive force : car leur prise amènerait à bref délai, la chute de la Place. L'obligation d'avoir les abords bien battus doit donc être considérée comme absolue, à moins que le fort ne soit protégé par un obstacle infranchissable, comme, par exemple, un escarpement.

Ravins.

Certains obstacles naturels du sol peuvent augmenter beaucoup la valeur de la ligne principale de défense à la condition d'être convenablement placés. Tels sont les ravins parallèles à la ligne de défense et les bois.

Si un ravin parallèle à la ligne de défense se trouve en avant des forts, il augmente leur valeur défensive car l'ennemi, qui voudra s'emparer de ces ouvrages, devra, avant de les aborder, traverser l'obstacle constitué par le ravin. Cet obstacle sera d'autant plus difficile à franchir qu'il sera bien surveillé et battu par les feux de la défense. Il y a donc généralement avantage à se couvrir par un ravin.

Toutefois, si l'assiégé veut, à son tour, le franchir pour se porter au delà, le ravin sera un obstacle contre lui, car l'assaillant occupera la crête opposée. Lorsque la Place joue un rôle offensif, on peut avoir intérêt à conserver la possibilité de porter les troupes de l'autre côté du ravin. Il faut alors y placer les forts. Et le ravin situé entre les forts et la Place, facilitera les rassemblements des troupes destinées à l'offensive.

On peut citer, comme exemple, le fort de

(fig. 2.). Dampierre, dans la Place de Langres, qui a été établi, au delà du ravin de Neuilly, afin de faciliter l'offensive du coté de Neufchâteau et de Mirecourt.

Bois. Les bois constituent un obstacle très facile à utiliser, soit sur la ligne principale de défense, soit sur la position avancée de la défense. Il sera très utile d'en avoir, soit dans les intervalles des forts, soit en avant, pourvu que leur lisière du côté de l'ennemi ne soit pas à plus de 3^{K} en avant de la ligne principale de défense.

Au delà de cette distance de 3 Kilomètres, le terrain n'est pas occupé par la défense et appartient par conséquent à l'assaillant. Les bois, qui s'y trouvent, lui permettent de circuler à l'abri des vues de la Place. Ils facilitent l'établissement de sa ligne d'investissement et de ses batteries.

Les bois sont donc avantageux ou défavorables à la défense suivant qu'ils se trouvent en deçà ou au delà d'une ligne tracée parallèlement à la ligne principale de défense et à 3 Kilomètres en avant.

Lorsque les forts sont entourés de bois, les vues de leurs abords doivent être démasquées sur 500^{m} au moins de profondeur, pour que l'ennemi ne puisse pas les approcher sans être vu.

Nous nous sommes jusqu'ici occupé des considérations qui doivent guider dans le choix des positions à fortifier. Dans la prochaine leçon, nous étudierons comment on occupe ces positions.

3e Leçon.

Nous avons examiné, dans la dernière leçon, comment on choisissait les positions à fortifier. Il nous reste à déterminer comment ces positions doivent être occupées par la fortification. Le mode d'occupation d'une position dépend de la forme qu'elle affecte. Nous allons passer en revue les diverses formes de terrain qui peuvent se présenter.

Considérons un plateau ou un mamelon allongé dans une direction sensiblement perpendiculaire à la ligne de défense.

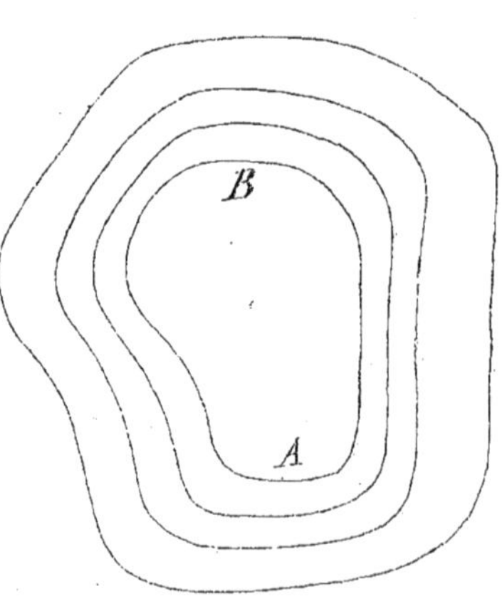

Lorsque le plateau a une faible profondeur, 2k à 2k500 par exemple, il ne faut pas s'installer en A, sur la crête qui est tournée vers la Place. Car le fort aurait toutes ses vues sur la campagne masquées par la crête opposée B ; et ses abords, en pente vers l'extérieur, ne seraient pas vus par l'artillerie de la ligne principale de défense.

Au contraire, en plaçant le fort B sur la crête qui regarde l'extérieur, on évite ces deux inconvénients. Le fort voit tout l'extérieur et les abords de la position avancée de la défense, qu'il domine.

Cette solution a été adoptée à Paris, pour le fort de Stains, qui occupe l'extrémité extérieure d'un mamelon allongé de 2 Kilomètres de longueur.

Mais si le plateau a une grande profondeur, il vaut mieux se placer sur la crête tournée vers la Place. De là on a des vues sur le plateau, où l'on peut utiliser toute la portée des pièces d'artillerie, et on a l'avantage d'être en liaison optique avec la Place.

On a adopté cette solution au Sud-Ouest de Paris. La ligne formée par les forts de Palaiseau, de Villeras et du Haut-Buc occupe la crête antérieure d'un plateau qui s'étend très-loin vers l'extérieur.

Il faut d'ailleurs, dans le choix de l'emplacement du fort, tenir compte des autres conditions à remplir. Ainsi, dans le cas où la profondeur du plateau AB serait de 3^K et où la crête A serait à 6^K de l'enceinte, il faudrait, autant que possible, rester en A, parce que le fort placé en B, serait éloigné de l'enceinte de 9 Kilomètres, distance beaucoup trop grande.

Un fort unique — Lorsque la position à fortifier est un mamelon isolé, ou l'extrémité d'un contrefort, il suffira d'y construire un seul ouvrage, à la condition qu'il batte bien toutes ses approches. Tel est le cas du (fig. 6) Fort de Stains élevé à l'extrémité d'un mamelon allongé. Il voit bien toutes les pentes du mamelon, (fig. 9) en avant et sur ses flancs. La position de Chelles est également occupée par un seul fort qui s'étend sur tout le mamelon. Ce mamelon étant très étroit on a dû donner au fort des dimensions restreintes.

Un fort et batteries annexes. — Souvent la position sera trop large pour que toutes ses pentes puissent être battues par un seul fort. L'action du fort devra alors être complétée par une ou plusieurs batteries-annexes. Ces batteries, protégées par le fort, forment système avec lui et ne peuvent tomber qu'après sa chûte.

Elles sont placées de façon à battre les parties du terrain que le fort ne voit pas. On doit éviter de les adosser à des escarpements, afin de ne pas exposer les servants à être atteints par les éclats produits par les projectiles venant frapper sur ces parois escarpés.

(fig. 11) Au fort de Vaujours, les deux batteries-annexes, sont placées très près de l'ouvrage et sur ses flancs.

(fig. 8) L'action du fort de Palaiseau est complétée par les deux batteries-annexes de l'Yvette et de la Pointe placées en avant de l'ouvrage.

(fig. 12) Quelquefois, pour arriver à voir les pentes, il faut mettre les batteries à un niveau notablement inférieur à celui du fort. On utilise les replats du terrain que l'on trouve sur les pentes. C'est la solution qui a été adoptée, près du fort d'Ecouen, pour la batterie des Sablons et la redoute du Moulin.

Plusieurs forts. La position à fortifier peut avoir trop d'étendue pour pouvoir être occupée par un seul fort, même en augmentant son action par des batteries-annexes. Il faut alors l'occuper par plusieurs forts, dont l'emplacement et l'importance seront déterminés par la forme du terrain et par le rôle qu'ils doivent jouer.

(fig. 10) Au Nord de Paris se trouve une large plateau, dont l'accès est facilité par la forêt de Montmorency qui le couvre et qui s'étend à une grande distance en avant. Son importance est d'autant plus grande qu'il forme un des saillants d'attaque. Il a donc fallu l'organiser solidement.

La crête extérieure du plateau, dirigée du Nord-Est au Sud-Ouest, forme la ligne principale de défense. Ses deux extrémités sont occupées par le fort de Domont flanqué de la batterie de Blémur à l'Est, et par le fort de Montlignon à l'ouest. Les deux forts enfilent les vallons de la forêt de Montmorency dirigés perpendiculairement à la ligne principale de défense.

Comme la position pourrait à la rigueur, être enveloppée, on a construit, à l'extrémité du plateau du côté de Paris, le fort de Montmorency qui empêche la ligne Domont-Montlignon d'être attaquée par la gorge. Le fort de Montmorency voit les plis de terrain de l'intérieur du plateau, il flanque les deux forts de première ligne, et sert de réduit à la position.

L'ensemble de ces trois forts, distants entr'eux d'environ 2 Kilomètres, constitue un groupe très solide.

Parfois, le plateau, au lieu de se terminer par des pentes sensiblement régulières pouvant être battues par un petit nombre d'ouvrages, a des bords très découpés et se termine par une série de contreforts. On occupe alors les extrémités de ces contreforts par des batteries, voyant bien les pentes. Au point culminant du plateau, on construit un fort, qui sert de réduit à la position, et qui bat l'intérieur de toutes les batteries

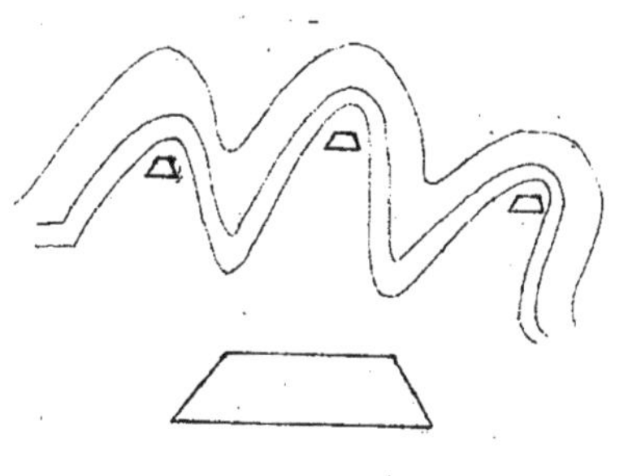

de façon que l'ennemi ne puisse pas y rester s'il venait à les surprendre.

C'est ainsi qu'a été organisée la position de Marly-le-Roi, à l'Ouest de Paris. Le fort du Trou-d'Enfer sert de réduit à une série de batteries ou redoutes qui voient toutes les pentes et battent les positions extérieures que pourrait occuper l'ennemi. (fig. 14). Le fort n'a aucune action extérieure en dehors du plateau. Il est uniquement destiné à protéger les batteries.

Organisation des forts détachés.

Nous allons nous occuper maintenant de l'organisation des forts détachés.

Forts détachés. Les forts détachés sont ceux qui font partie de la ligne principale de défense d'une grande forteresse. Soutenus par les forts voisins, ils ne sont exposés à une attaque régulière que du côté de l'extérieur.

Isolés. On appelle au contraire, fort isolé, un ouvrage trop éloigné de toute autre fortification pour pouvoir en tirer protection. Il est livré à lui même et peut être attaqué de tous les côtés.

Entre ces deux espèces de forts se placent deux catégories intermédiaires : les forts d'occupation et les forts de liaison.

d'occupation Les premiers sont des forts trop éloignés d'une forteresse pour faire partie de sa ligne principale de défense, mais cependant assez rapprochés, pour qu'il soit très difficile à l'ennemi de s'installer entr'eux et la forteresse. Tels sont les forts de Giromagny à Belfort et de Dampierre à Langres.

de liaison. Les forts de liaison, destinés à relier deux forteresses, sont assez rapprochés les uns des autres pour que les intervalles qui les séparent soient à peu près battus par le canon, de l'un ou de l'autre des forts. Ils sont trop espacés pour qu'ils puissent se flanquer entr'eux. Il sera très difficile à l'ennemi de les investir séparément.

d'arrêt. On donne le nom de fort d'arrêt à un ouvrage dont le rôle est d'interdire une ou plusieurs voie de communication importantes. Ce rôle peut être rempli par un fort d'une quelconque des catégories que nous venons d'énumérer.

Nous allons nous occuper de l'organisation des forts détachés. L'étude des forts isolés sera faite dans une leçon ultérieure. Quant aux forts d'occupation et de liaison, leur organisation sera intermédiaire entre les deux précédentes, se rapprochant davantage du fort isolé ou du fort détaché, suivant que l'intervalle qui les sépare des ouvrages voisins est plus ou moins grand.

Front de tête. Dans un fort détaché, on donne le nom de front de tête à la partie qui fait face à l'extérieur. Il voit presque toutes les positions de l'ennemi à battre par le canon; et il aura généralement à supporter tout l'effort des attaques rapprochées. Le front de tête devra donc être armé de la presque totalité de la grosse artillerie du fort, et il devra, pour lutter, contre les attaques rapprochées, avoir quelques canons de petit calibre et un développement suffisant de feux de mousqueterie.

Flancs. Les deux flancs d'un fort détaché sont destinés à flanquer les intervalles qui séparent ce fort des deux forts voisins ainsi que les abords de ces derniers.

Front de gorge. Le front de gorge est la partie du fort tournée vers le noyau central. Il n'a à craindre que des attaques par surprise : il est donc organisé moins solidement que les 3 autres fronts.

Bases de l'organisation. L'Instruction ministérielle du 9 Mai 1874 a donné les bases d'après lesquelles on a construit les premiers forts en France après la guerre de 1870.

On a admis :

1° que l'obstacle serait constitué par un fossé flanqué par des caponnières ;

2° Que tous les locaux, destinés à loger les hommes et à contenir les munitions et les approvisionnements de toute nature seraient voûtés et à l'épreuve.

3° Que toutes les communications seraient couvertes, notamment celles qui relient les emplacements des bouches à feu avec les magasins à poudre ou au matériel.

4° Que les pièces placées à ciel ouvert sur les remparts, seraient protégées par des traverses, et, lorsqu'il y aurait lieu par des parados, et que quelques pièces destinées à exécuter le tir indirect, par dessus une masse couvrante, les masquant en avant, seraient placées dans des casemates.

Nous ne reviendrons pas sur l'organisation de ces diverses parties de la fortification, qui vous ont été décrites dans la 2e partie du cours.

L'Instruction du 9 Mai 1874 a admis en outre que les forts comprendraient deux remparts: l'enceinte basse chargée de la défense rapprochée pour le tir de l'infanterie, et armée de quelques canons de petit calibre; le cavalier, tirant par dessus l'enceinte basse, et armé des bouches à feu destinées à la lutte éloignée.

Les forts détachés étaient de véritables batteries. Lorsqu'il y avait lieu de construire un de ces ouvrages, la première chose à déterminer, était le nombre et la nature des canons qui devaient l'armer, et les objectifs que ces canons devaient battre.

Ces objectifs étaient les voies de communication et leurs points importants, ponts, gares, etc, etc..., les positions sur lesquelles on prévoyait que l'ennemi installerait ses batteries, les abords de la position avancée de la défense, et les approches des forts voisins.

Armement.

Pour déterminer le nombre et l'espèce des bouches à feu à affecter à chacun des objectifs, on s'inspirait des considérations suivantes, sur l'armement.

L'armement comprenait:

1° Des bouches à feu à longue portée et à grande puissance (aujourd'hui le 155 L).

2°. Des bouches à feu de puissance moyenne ; (aujourd'hui le 120).

3°. Des mortiers rayés (aujourd'hui le 155 court et le mortier de 220).

4°. Des pièces légères comprenant des canons ordinaires, des canons à tir rapide et des mitrailleuses.

Le 155 L était généralement placé sur le front de tête du cavalier. Il avait comme objectifs les points éloignés, et les batteries ennemies.

Pour tirer contre les troupes, le 120 a la même efficacité et presque la même portée que le 155 L. Le poids de son projectile et de sa charge de poudre étant beaucoup moindres, et la pièce elle-même étant plus légère, il y a avantage à l'employer, de préférence au 155 L, toutes les fois qu'on n'a pas d'effet de destruction à produire.

L'emploi de ce canon est indiqué pour protéger la position avancée de la défense, et pour flanquer les ouvrages voisins. Il aide puissamment le 155 L dans la lutte d'Artillerie. Sa place est sur le front de tête et sur les flancs du cavalier.

Les mortiers doivent tirer à feux courbes sur les parties du terrain cachées aux vues du fort. On avait admis qu'ils seraient placés dans des casemates situées dans l'intérieur du fort. Mais, ainsi qu'on vous l'a dit dans la 2e partie du cours, on a vite reconnu les inconvénients de pareilles casemates et on a décidé que ces pièces seraient placées en dehors des forts.

Les pièces légères sont destinées à la défense rapprochée. Les unes sont placées sur l'enceinte basse, elles doivent battre les approches du fort, les intervalles qui le séparent des forts voisins ainsi que les abords de ces derniers, lorsqu'ils ne sont pas trop éloignés. Les autres, placées dans les caponnières battent les fonds des fossés.

Dans un petit nombre de forts, on a installé des tourelles cuirassées, abritant quelques pièces que l'on voulait conserver jusqu'au dernier moment de la lutte. On les a placées sur les saillants de l'enceinte basse. Elles avaient ainsi un grand champ de tir. Elles se profilaient sur le cavalier, et, par conséquent, elles étaient moins visibles des positions ennemies.

Enfin, on a construit un petit nombre de casemates cuirassées, dans quelques forts, pour maîtriser aussi longtemps que possible les voies de communication importantes, dont ces ouvrages avaient la garde.

Garnison et approvisionnements.

Lorsque l'armement d'un fort était déterminé, on en déduisait l'effectif de la garnison et les quantités de munitions et d'approvisionnements à loger d'après les bases suivantes :

On comptait, pour le service des bouches à feu, 3 canonniers et 9 auxiliaires par pièce.

L'effectif nécessaire pour la défense rapprochée et pour les divers services était variable, suivant l'importance du fort. Pour un grand fort de 80 canons, il était de 1200 hommes d'infanterie et 200 hommes des différents services (Génie, Train, Administration, etc, etc....)

Pour un ouvrage restreint de 36 canons, on admettait 300 hommes d'infanterie et 50 hommes pour les divers services. De sorte que, pour ce dernier ouvrage, par exemple, la garnison était de 108 canonniers, 324 auxiliaires, 300 hommes d'Infanterie, 50 hommes des divers services, soit un total de 800 hommes.

Les munitions de toute nature (cartouches, projectiles, poudre, etc, etc....) nécessaires pour toute la durée du siège, devaient être emmagasinées en totalité dans le fort. Quant aux vivres on admettait que le fort n'en contiendrait que pour la consommation d'un mois, à cause de la facilité qu'il avait d'être ravitaillé par le noyau central. On fixait, d'après cela, les quantités d'approvisionnements de guerre et de bouche à loger dans le fort.

Avec ces donnés, on pouvait, comme on vous la

indiqué dans la 2e partie du cours déterminer les dimensions des locaux pour le logement des troupes et pour les divers magasins.

Tracé du cavalier. Le cavalier, exclusivement réservé à l'artillerie, devait voir la campagne par dessus l'enceinte basse; il devait donc avoir un grand relief au-dessus du terrain naturel. On admettait alors que l'observation des points de chute des projectiles devait se faire de la pièce même. On a depuis reconnu que, contre les objectifs fixes, tels que les batteries de l'attaque, l'observation du tir pouvait se faire d'un point éloigné de la pièce, pourvu qu'il fut relié à celle-ci par une communication sûre et rapide. On a pu, par conséquent, dans les ouvrages exécutés plus tard, diminuer le commandement des crêtes réservées à l'Artillerie.

Les crêtes du cavalier étaient tracées à peu près perpendiculairement aux directions à battre, et la longueur de chaque crête se déduisait du nombre de canons qui lui étaient affectés. On vous a donné, dans la 2e partie du cours, la longueur de crête nécessaire pour un canon protégé par des traverses.

On déterminait ainsi le polygone des faces du cavalier et leur relief. Et on vérifiait que, sous le massif ainsi constitué, on avait assez de place pour les casemates-logements et les magasins, dont la capacité était déjà calculée comme nous l'avons dit.

Enceinte basse. On procédait alors au tracé de l'enceinte basse, qui entourait le cavalier. La condition de battre toutes les approches du fort guidait seule dans ce tracé ; et ce n'est que lorsqu'elle était parfaitement remplie qu'on arrêtait définitivement l'emplacement du fort sur le terrain.

L'étude des attaques rapprochées probables, l'examen des directions par lesquelles l'ennemi pouvait, sans être vu, s'approcher le plus près du fort, donnaient les directions vers lesquelles il fallait avoir le feu le plus intense, et déterminaient par suite les faces les plus importantes de l'enceinte basse. Les flancs devaient être dirigés de façon à battre les abords des forts voisins et des intervalles qui les en séparaient.

Ces conditions donnaient les directions et les longueurs approximatives des faces et des flancs. Leur relief et leur organisation étaient fixés d'après les principes qui seront exposés dans les leçons sur l'application de la fortification au terrain.

Gorge. Le front de gorge était aussi tracé de façon à bien

voir ses approches, c'est-à-dire le terrain en arrière du fort. Le plus souvent, elle était trop éloignée du cavalier; et les coups longs, passant par dessus ce dernier, pouvaient prendre à dos les défenseurs de la gorge.

Parados de gorge. Il a donc fallu les protéger par un parados général. On a diminué le relief du parapet de gorge, afin de réduire la hauteur du parados et de le rendre moins encombrant dans l'intérieur du fort. Le massif du parados a été utilisé pour couvrir divers locaux tels que logements d'Officiers, infirmeries, etc, etc... qui pouvaient, sans inconvénient, être éloignés de la batterie haute.

Raccords. (fig. 17). Le raccord entre la crête de la gorge et celles des flancs se faisait de plusieurs façons. Dans le fort représenté sur ce plan, où l'on avait une grande différence de hauteur (5m), on a fait deux ressauts successifs, et on a retourné les parapets de façon à avoir quelques coups de fusil de flanc sur le terrain en avant de la gorge.

(fig. 18 et fig. 19). Dans la figure 18, la jonction se fait sur le parados du flanc gauche. Dans la fig. 19 on a un simple ressaut.

(fig. 20). Enfin, sur ce plan, nous avons une gorge

paradossée, plus haute que le flanc de l'enceinte basse, et plus basse que celui du cavalier. Elle est entièrement séparée du flanc du cavalier par le massif du parados. La crête se retourne, en conservant sa hauteur, sur le flanc gauche de l'enceinte basse, et le raccord se fait sur la première traverse de ce flanc, qui est dans le prolongement du parados de gorge.

Parados.

Les parados ont été employés également pour protéger les flancs et certaines faces du cavalier, qui pouvaient craindre des coups de dos. Dans le fort (fig. 17) les deux flancs sont munis chacun d'un parados, la circulation se fait à ciel ouvert sur le terre-plein.

(fig. 21).

Ici (fig. 21) le flanc est également paradossé. Mais la circulation sur le terre-plein est en partie à ciel ouvert, en partie couverte par des voûtes passant sous des traverses enracinées. Ce plan (fig. 22) nous donne un exemple, dans lequel la protection contre les coups de revers est obtenue, tantôt par des traverses allongées, tantôt par une traverse se retournant en parados.

(fig. 22)

Forme de la gorge.

Le parapet de gorge était tracé, soit en ligne droite, soit suivant un tracé tenaillé ou bastionné.

Communications.

Les communications, entre les diverses parties du fort, pouvaient se faire, partie à ciel ouvert, partie souterrainement. On avait relié, par des communications entièrement souterraines, la batterie haute, (fig. 17). les logements des hommes et les magasins. A cet effet, une gaine, placée sous le massif du cavalier, à l'aplomb de la crête intérieure, reliait les rez-de-chaussée des traverses-abris, les magasins à poudre et passait derrière la caserne à hauteur du sol du 1er étage.

Dans les traverses et dans quelques travées de la caserne, étaient installés des monte-charges, qui permettaient de monter le matériel et les munitions, du sol de la gaîne ou du rez-de-chaussée de la caserne, au sol de l'étage supérieur des traverses, lequel communiquait de plain pied avec le terre-plein du cavalier. Des escaliers disposés dans la caserne et dans quelques monte-charges, permettaient de monter à couvert, de la gaîne sur le terre-plein.

Des galeries souterraines traversaient le massif du cavalier et mettaient la gaîne en communication, avec le centre du fort d'une part, avec le terre-plein de l'enceinte basse d'autre part. Lorsque les débouchés de ces galeries sur l'enceinte basses étaient exposés aux coups de l'ennemi, on les faisait aboutir sous des traverses enracinées. La communication souterraine se retournait alors à droite et à gauche, et débouchait des deux côtés à l'air libre sur le terre-plein de l'enceinte basse.

Crêtes secondaires. Les fossés ont été tracés de façon que leur direction n'aille pas ficher sur des positions de batterie, d'où l'assaillant pourrait atteindre les caponnières par des coups d'enfilade. Ils ne sont pas nécessairement parallèles aux crêtes, ce qui a donné parfois un certain espace disponible entre le pied du talus extérieur et l'escarpe.

D'autres fois, on a pu trouver un peu d'espace libre, soit au-dessus des caponnières, soit comme nous l'avons déjà vu, entre un flanc et la gorge. On a profité de tous ces emplacements pour y disposer des crêtes secondaires donnant des feux d'infanterie sur les approches du fort.

(Fig. 29). Dans cette figure (fig. 29) nous avons, au saillant du fort, une crête qui donne des feux de front et de flanc sur le terrain en avant du front de tête.

(Fig. 30). Ce plan (fig. 30) donne l'exemple d'un angle d'épaule et d'un dessus d'aileron utilisés de la même façon.

Nous avons déjà rencontré (figure 17) des exemples de crêtes secondaires à la jonction de la gorge et des flancs.

Entrées des forts. (fig. 17). On entrait généralement dans le fort par le milieu de la gorge, où on était le mieux défilé des vues de l'ennemi, par le massif du fort. Dans les gorges à tracé bastionné ou pseudo-bastionné, l'entrée était placée au milieu de la courtine. Dans les gorges à tracé polygonal, elle était le plus souvent à proximité de la caponnière. Presque toujours, elle était munie de casemates crénelées, qui surveillaient ses abords.

L'entrée traversait souterrainement le massif de la gorge et débouchait dans une cour, d'où on pouvait aller par des rampes dans les diverses parties du fort.

Il ne fallait pas que le passage d'entrée interrompît la continuité de l'obstacle. On a dans ce but, employé généralement l'une des deux solutions suivantes:

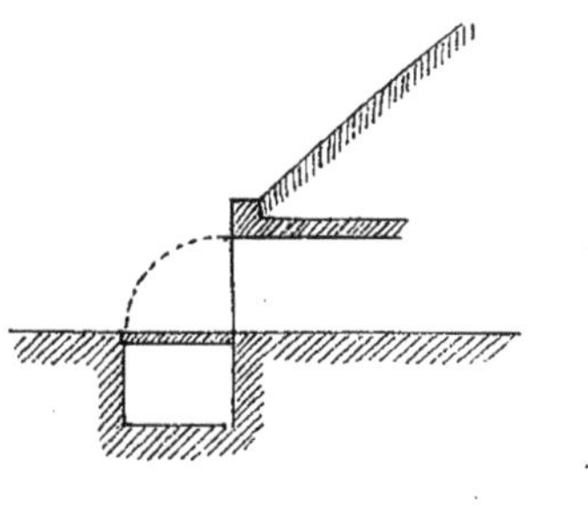

1ère Solution: La chaussée de l'escarpe, est interrompue par un petit fossé ou haha couvert, en temps ordinaire, par un pont-levis. Celui-ci peut au moment du besoin, se lever verticalement et fermer la baie de la porte. Le haha se trouve alors découvert et rétablit la continuité de l'obstacle formé par l'escarpe.

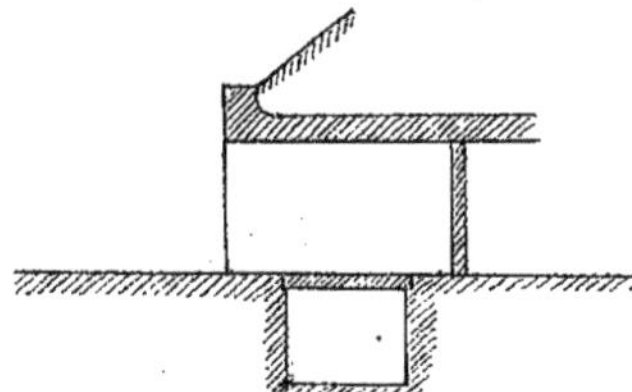

2e Solution: Le haha est creusé sous le passage voûté. Il est couvert par un tablier de pont qui peut rouler horizontalement dans le sens perpendiculaire à l'axe du passage; et, passant dans une fente horizontale, ménagée dans le pied droit, venir se loger dans une chambre contigüe au passage d'entrée.

Une porte grillée ferme l'entrée sur le prolongement de l'escarpe. Le passage est également interrompu par une porte blindée et crénelée, placée en arrière du haha. Cette porte roule perpendiculairement à l'axe du passage, et vient se loger dans une niche ménagée à cet effet à côté du passage, lorsqu'on veut rétablir la circulation.

Le sol de l'entrée était, tantôt à un niveau supérieur à celui du fond du fossé, tantôt au même niveau.

(Fig. 34). Dans le 1er cas, on traversait le fossé sur un pont dont les piles pouvaient dérober une portion du fossé aux feux de flanquement. Il fallait éviter les angles morts en construisant des piles métalliques, ou bien en disposant avec soin les flanquements. La partie supérieure de la voûte d'entrée était trop élevée pour être couverte par le massif de la gorge. Pour la protéger, on la surmontait d'une épaisseur suffisante de terre, qui formait traverse et qui pouvait, dans certains cas, révéler à l'ennemi la position de l'entrée.

(fig. 17). Lorsqu'on entrait par le fond du fossé, on n'avait pas cet inconvénient. Mais alors, on arrivait dans le fort à un niveau très-bas, d'où il fallait s'élever par des rampes dans les autres parties de la fortification. Dans les petits forts, où l'on disposait de peu de place, ces rampes étaient raides à cause de leur faible développement, et les communications étaient par conséquent difficiles.

La rampe qui, de l'extérieur, conduisait au fond du fossé, traversait la contrescarpe par un passage voûté. Elle était battue par les feux d'un corps de garde crénelé, ménagé à côté du passage. La continuité de l'obstacle, formé par la contrescarpe, était rétablie au moyen d'une grille ouvrante garnie de tôle crénelée.

Ravelins.

Lorsque l'entrée était sensiblement au niveau du terrain naturel, on la protégeait par un ravelin, placé en avant de la contrescarpe, et muni généralement d'un corps de garde défensif. Cet ouvrage permettait de surveiller les abords de l'entrée et d'éviter les surprises. Les figures 36, 37, 38, représentent des ravelins d'entrée. (fig. 36, 37 et 38).

Autour des caponnières, le fossé est plus étroit et se trouve moins bien surveillé que partout ailleurs. Il était à craindre qu'il fût franchi par l'ennemi à l'aide de ponts volants. Pour s'y opposer, à partir de 1882, on a surmonté la contrescarpe de grilles en fer de 2m.50 de hauteur, partout où le fossé était rétréci.

A la même époque, afin d'augmenter la surveillance autour des forts et d'éviter les surprises; on a créé, partout où c'était possible, des avant-chemins couverts, placés en avant des glacis intérieurs qui étaient alors revêtus d'un réseau de fils de fer.

Enfin, les saillants les plus menacés ont reçu quelques amorces de galeries de mines.

Classification des forts détachés. (fig. 17).

Telle est dans ses lignes principales, l'organisation qui a été adoptée pour les forts détachés construits en France de 1874 à 1877. - Nous leur donnerons les noms de « forts à massif central et à batterie haute », ou bien, celui de « forts à cavalier ». Ces deux dénominations s'expliquent d'elles-mêmes.

A partir de 1877, on a adopté un autre système, dans lequel toute l'artillerie de combat se trouve sur l'enceinte basse. Le massif central, qui recouvre tous les locaux est alors surmonté d'un simple parapet d'infanterie. Ce genre de fort est appelé : « fort à massif central et à batterie basse » (fig. 42).

A l'étranger les forts n'ont généralement pas de massif central. Ils n'ont qu'une seule crête de feux. Les locaux sont placés sous le parapet du front de (fig. 43).

tête, ou sous le front de gorge avec façade sur le fossé. Nous donnerons à ce genre d'ouvrage le nom de « fort sans massif central. »

Rapidité d'exécution. La construction des forts à cavalier demandait un temps considérable. Il fallait, en effet, terminer complètement la caserne avant de construire les traverses et de masser les remblais du cavalier qui la surmontaient. Dans les forts à massif central et à batterie basse au contraire, on pouvait commencer, en même temps, la caserne et l'enceinte de combat qui était l'enceinte basse. De sorte que ces derniers forts pouvaient être utilisés deux ans après le commencement de leur construction, tandis qu'il fallait attendre trois ans pour les premiers.

Economie. Dans le fort à massif central et à batterie basse, le parapet affecté à l'artillerie, dont la longueur est déterminée par le nombre des canons qui doivent l'armer, forme l'enceinte extérieure de l'ouvrage. Dans le fort à cavalier, ce parapet de même longueur que dans le cas précédent, est constitué par le massif central, et est par conséquent entouré par l'enceinte basse. Le développement de crêtes et de fossés est moindre dans le 1er cas que dans le second. Les forts à cavalier sont par conséquent plus coûteux que les autres.

Cette différence entre les prix de revient était encore augmentée par ce fait que les forts à cavalier, ayant un développement de crêtes plus grand, exigeaient un nombre de défenseurs plus considérable : il fallait donc des casernes et des magasins plus vastes.

Ces deux avantages de rapidité d'exécution et d'économie ont été, en grande partie, la cause déterminante de l'adoption des forts à massif central et à batterie basse, à une époque où nous étions à chaque instant menacés de la guerre, et où il fallait ménager les finances du pays, qui devaient satisfaire à tant de besoins.

Combat d'Artillerie.

On reprochait également aux forts à cavalier la grande élévation du parapet de combat, qui se trouvait au-dessus de toutes les autres parties de la fortification.

De l'extérieur on voyait ses traverses se profiler sur le ciel, et y découper des embrasures très-visibles à grande distance, ce qui donnait de grandes facilités au tir de l'assaillant.

L'enceinte basse au contraire, pour un observateur placé à une certaine distance du fort, se projette sur le massif central et se confond avec lui.

Ainsi que nous l'avons dit dans le cours de cette leçon, il n'y a aucun inconvénient, au point de vue du tir de la défense, à ce que les canons soient placés sur une crête moins élevée que le cavalier, comme l'enceinte basse. Il suffit qu'ils soient reliés par une communication rapide et sûre à un bon observatoire, qui pourra être placé sur le cavalier, et d'où l'on pourra observer les coups.

Il semblait donc que l'artillerie se trouvait, sur l'enceinte basse, dans de meilleures conditions pour le combat. L'avantage que lui donne cet emplacement n'est cependant pas aussi grand qu'il l'avait paru tout d'abord. Avec une bonne lunette, l'attaque pourra assez facilement observer les points de chute de ses projectiles, qui éclateront sur le talus extérieur du massif central quand ils seront trop longs et sur celui de l'enceinte basse, quand ils seront trop courts. Elle arrivera ainsi à régler son tir sur l'enceinte basse.

D'un autre côté, les coups longs, dirigés contre le cavalier, lorsqu'ils dépassaient le terre-plein, et qu'il n'y avait pas de parados, s'en allaient au loin et étaient sans danger pour les servants, ceux qui étaient dirigés contre l'enceinte basse tombaient sur le talus extérieur, où ils éclataient. Ils pouvaient envoyer des éclats sur la batterie basse, si ce talus extérieur était en rocaille, en terre très compacte ou en terre gelée. Le danger n'était supprimé que lorsque le talus était en terre sablonneuse. A ce point de vue le cavalier avait donc une certaine supériorité sur l'enceinte basse pour la lutte d'artillerie.

Quoi qu'il en soit, des avantages relatifs de l'un ou l'autre de ces systèmes de forts, tous les deux sont très défectueux au point de vue de la lutte d'artillerie, pour les raisons générales que nous avons développées pour démontrer la nécessité de disséminer l'artillerie dans les intervalles des forts.

Défense rapprochée. En ce qui concerne la défense rapprochée, les forts à cavalier sont dans des conditions bien plus favorables que les autres. Ce n'est que lorsque l'artillerie de la défense est anéantie, que l'assaillant peut commencer ses approches. A ce moment, l'enceinte basse des forts à cavalier est occupée par l'infanterie, à laquelle sont affectées la plupart des crêtes de cette enceinte.

Quelques plate-formes d'Artillerie y sont ménagées pour recevoir, au moment du besoin, des canons légers qui gêneront les travaux d'approche et tireront sur l'assaillant s'il tente une attaque brusquée. L'enceinte basse d'ailleurs, qui n'a pas supporté la lutte d'artillerie est encore en bon état. La défense peut, dans ces conditions, résister avec avantage à l'attaque rapprochée.

La situation est toute différente dans les forts à massif central et à batterie basse. Le parapet de l'enceinte basse a supporté tout l'effort de la lutte d'artillerie : il est endommagé. Organisé pour recevoir des canons et non des fantassins, il devra subir une transformation, et cela sous le feu de l'artillerie ennemie.

Sa crête a beaucoup moins de développement que dans les forts à cavalier. Elle est morcelée par les traverses en un grand nombre de parties de très-faible longueur. Les hommes qui la garnissent seront divisés en un même nombre de petits groupes qui seront isolés et échapperont à l'action du Chef.

Cette enceinte, placée dans des conditions aussi défectueuses n'opposera aucune résistance aux progrès de l'attaque.

On peut, il est vrai, mettre un certain nombre de fantassins derrière la crête du massif central. Mais alors il ne faut plus compter sur l'enceinte basse. Car, bien que du massif central on puisse tirer par-dessus cette enceinte, les deux crêtes ne peuvent pas donner des feux simultanément.

Or, la ligne de feu du massif central a un développement très-faible. Elle donnera sur l'extérieur des feux fichants qui ont beaucoup moins d'efficacité que les feux rasants de l'enceinte basse. C'est un bon observatoire, un excellent poste pour surveiller le terrain environnant ; mais ce n'est pas une ligne de combat.

Forts sans massif central.

Les forts sans massif central ont été employés surtout à l'étranger. On n'en a construit qu'un très petit nombre en France.

Les locaux sont placés sous le parapet du front de tête, ou sous celui de la gorge.

(fig. 47) Quand ils sont sous le parapet de tête, l'épaisseur de terre, dont il faut les surmonter pour les mettre à l'abri, élève la crête intérieure à une assez grande hauteur. Le glacis doit également être relevé afin d'éviter les angles morts. De là une augmentation de terrassements, qui nécessite une dépense plus grande.

(fig. 44) Pour faire disparaître ces inconvénients, on peut enfoncer les locaux au-dessous du terrain naturel ; et creuser une cour devant eux, pour les assainir.

(Fig. 45). On peut aussi, lorsque les fossés sont pleins d'eau, leur donner une grande largeur. La crête du glacis, étant très éloignée de celle du parapet, peut alors être battue par celle-ci, tout en restant à une faible hauteur au-dessus du terrain naturel. C'est la solution qui a été adoptée par les Allemands, pour les forts de la partie de Strasbourg, qui se trouve en terrain aquatique.

(Fig. 46.) Lorsque les locaux sont placés sous la gorge, ils prennent jour dans le fossé. Cette disposition a été employée dans les forts à fossés secs de Strasbourg.

Quelque soit l'emplacement des locaux, les forts sans massif central, n'ayant qu'une seule crête, sont beaucoup plus plats que les autres. Ils offrent ainsi un but moins profond à l'artillerie ennemie, et échappent plus facilement à ses coups.

La garnison en est plus faible et les locaux nécessaires sont beaucoup moins grands.

Par contre, aucune crête n'y est réservée à l'infanterie de sorte qu'ils sont hors d'état de s'opposer à l'attaque rapprochée. Ces forts ne sont pas autre chose que de grandes batteries.

Batteries-annexes.

Nous avons vu que les batteries étaient destinées à battre les parties du terrain que le fort ne voyait pas. Elles ne contenaient que des canons de calibre moyen ou petit afin de pouvoir être désarmées facilement. Quelques-unes ont été construites dès le temps de paix. Le plus grand nombre devaient être exécutées au moment du besoin, d'après les plans préparés dès le temps de paix.

Leur mode d'organisation dépendait des circonstances locales, du rôle qu'elles devaient jouer, et de leur distance au fort qui les protégeait.

(Fig. 48 et 49). Quand elles en étaient très rapprochées, elles tiraient directement leur appui du fort. Leur garde était assurée par un poste que le fort relevait tous les jours. Et leurs approvisionnements, étaient dans les locaux du fort.

Ces batteries étaient de simples épaulements, avec quelques traverses abris pour les servants et pour un petit approvisionnement de munitions. Le fossé n'était qu'une excavation, creusée pour donner la terre nécessaire au parapet.

(Fig. 5 et 11). Les batteries de Cormeilles et de Vaujours ont été construites dans cet ordre d'idées. Elles sont à droite et à gauche du fort, sur le prolongement de la gorge.

(Fig. 51). Quand ces ouvrages étaient plus éloignés du fort, ils n'étaient pas suffisamment protégés. Il fallait les mettre à l'abri des surprises. On les entourait d'un fossé, qui était dans certains cas, battu par un coffre de flanquement, contenant un canon ou quelques fusiliers. Ces batteries étaient généralement fermées à la gorge par un mur ou une grille. Leur intérieur était entièrement vu par le fort, afin que l'ennemi ne pût pas s'y maintenir, dans le cas où il serait parvenu à y pénétrer.

(Fig. 10 et 12). Comme exemples d'une pareille organisation, on peut citer la batterie de Blémur à 400m du fort de Domont et celle du Moulin à 500m du fort d'Écouen.

Lorsque les batteries étaient encore plus éloignées, il fallait les mettre en état de résister à une attaque par leurs propres ressources. Elles étaient entourées de fossés, et flanquées par des caponnières comme les forts. Elles avaient les locaux nécessaires pour loger leur garnison et leurs approvisionnements. C'étaient de vrais fortins. Telle est la batterie du bois d'Arcis, à 1.500m du fort de Saint-Cyr.

Batteries avec réduit commun.

Nous avons vu que certaines positions, à bords très découpés, étaient occupées par une série de batteries, placées aux extrémités des contreforts, et par un fort servant de réduit et construit sur le point culminant.

L'organisation de ces batteries dépendait de leur distance au réduit. Mais leur intérieur devait toujours être vu par celui-ci, afin que l'ennemi, s'il parvenait à s'emparer d'une batterie, ne pût pas s'y établir.

Le fort contenait le personnel et les approvisionnements des batteries. Il devait résister aux attaques rapprochées, mais il ne prenait aucune part à la lutte éloignée. Il n'était donc armé que de pièces légères. Il devait être muni d'un obstacle sérieux et bien flanqué, et battre ses approches par un développement de crêtes suffisant.

(Fig. 14). C'est ainsi qu'a été organisée la position de Marly dont le fort du Trou-d'Enfer forme le réduit.

(Fig. 15) A Toul, la position de Villey-le-Sec est également occupée par un certain nombre de batteries, protégées par le réduit de Villey-le-Sec. Ce fort a des vues extérieures très étendues. Aussi non-seulement sert-il de réduit ; mais encore il a été armé de pièces de gros calibre, et même d'une tourelle, pour le combat d'Artillerie.

4e Leçon.

Organisation de la ligne principale de défense, depuis 1885.

Nous avons vu, dans les précédentes leçons comment on organisait la ligne principale de défense avant 1885. Cette organisation était caractérisée par la concentration, dans les forts, de toute l'artillerie et de tous les approvisionnements de la ligne principale de défense.

Nous avons déjà fait ressortir les inconvénients d'une pareille concentration ; et les avantages que la dissémination de l'artillerie dans les intervalles des forts aurait procurés à la défense, même avec les projectiles en usage à cette époque. L'organisation adoptée était cependant en état de fournir une sérieuse résistance, lorsque l'apparition des obus-torpilles en 1885 est venue lui enlever toute sa valeur.

Abris.

On vous a dit, dans la 2e partie du cours, que les abris, considérés jusque là comme étant à l'épreuve, étaient facilement détruits par les nouveaux projectiles, et que les canons, placés dans les forts, étaient hors d'état de soutenir la lutte d'artillerie. Il était donc nécessaire de faire subir à la fortification une transformation radicale.

On a pu construire des abris à l'épreuve des nouveaux projectiles en employant le béton de ciment, ou en creusant des cavernes dans le roc, ainsi qu'on vous l'a indiqué dans la 2e partie du cours.

Artillerie.

En ce qui concerne l'artillerie, il fallait ou bien l'abriter sous des cuirasses métalliques, ou bien la disséminer dans les intervalles des forts.

La première solution est excessivement coûteuse. Elle n'a été adoptée que pour un petit nombre de pièces, que l'on est obligé de placer en un point exposé, et qui doivent pouvoir tirer jusqu'au dernier moment. Ce sont, par exemple: les coupoles pour pièces légères, destinées à la défense rapprochée de la ligne principale de défense, ou bien les tourelles maîtrisant une voie de communication importante dans les forts d'arrêt.

On a admis la 2e solution pour toutes les autres pièces, que l'on ne place plus dans les forts, mais bien dans leurs intervalles. Ces pièces, groupées par batteries, sont naturellement placées sur le terrain, de façon à échapper le plus possible aux coups de l'ennemi, tout en remplissant efficacement le rôle qui leur est assigné. Elles forment une ligne protégée et flanquée par l'artillerie légère et par l'infanterie des forts.

Les divers organes de la ligne principale de défense ne sont plus concentrés dans les forts. Chacun des rôles que doit remplir cette ligne est attribué à un organe spécial séparé des autres. On peut ainsi lui donner une position et une organisation convenables beaucoup plus facilement que si tous les organes devaient être réunis en un même point.

Rôle de la ligne principale.

Le rôle de la ligne principale de défense n'a d'ailleurs pas changé. Elle doit :

1° Gêner l'établissement de la ligne d'investissement, et forcer l'assaillant à la tenir aussi éloignée que possible.

2° Être en état de soutenir la lutte d'artillerie

3° Protéger la position avancée de la défense.

4° Pouvoir résister aux attaques rapprochées.

5° Protéger la ville contre le bombardement.

Nous allons examiner quels sont les organes de la ligne principale de défense, qui sont chargés de satisfaire à ces conditions ; quels emplacements il faut leur donner et comment il faut les organiser.

Artillerie.

Occupons-nous d'abord de l'artillerie, à laquelle

incombent entièrement les 3 premières conditions. Elle doit, avant tout, être en état de soutenir la lutte contre les batteries de l'attaque. La défense emploie, pour cette lutte, les pièces de gros et de moyen calibre (155^{L}, 120, 155^{C}, et 220).

Batteries de crêtes. Les pièces longues (120 et 155^{L}) soutiennent le combat éloigné et gênent l'investissement. Elles tirent à trajectoire tendue: On les place immédiatement en arrière de la crête du plateau qui les masque aux vues de l'ennemi. Un homme est placé sur la crête, pour observer les points de chûte des projectiles. Sa distance à la batterie est généralement assez courte; et il peut faire connaître très-rapidement le résultat de ses observations, soit à la voix soit par des billets portés, soit encore par des signaux. Le réglage du tir peut ainsi se faire avec une rapidité presque aussi grande que si la batterie voyait elle-même le but à atteindre.

Si nous faisons une coupe dans le terrain, S est le sommet ou la crête du plateau. C^{T} la crête topographique, c'est-à-dire l'arête à laquelle la pente commence à être accentuée,

Cie la crête militaire, d'où l'on voit le versant du plateau. Les batteries de pièces longues seront en A juste assez éloignées de S, pour être défilées des vues des positions ennemies. On leur donne le nom de batteries de crête.

Batteries hors de vue. Les canons courts (220 et 155^c) engageront la lutte contre les positions ennemies placées à moins de 5^K. A une distance plus grande, leur tir n'aurait aucune efficacité. Ils tirent sous de grands angles, de sorte qu'on peut les placer très-bas au-dessous de la crête du plateau. Non seulement ils sont défilés; mais encore leur position ne peut pas être révélée à l'ennemi par la fumée ou la lueur des pièces, comme cela a lieu pour les batteries de crête. On donne à ces batteries de canons courts, le nom de « batteries hors de vues. »

Elles ne peuvent tirer que sur des objectifs fixes, tels que les batteries et les centres de résistance de l'attaque. Elles seront très-utiles, lorsque l'assaillant se sera emparé d'une position, pour l'inonder de projectiles et la rendre intenable. Elles seront d'autant plus dangereuses pour l'assaillant, que celui-ci éprouvera beaucoup de difficultés pour trouver leurs emplacements et pour les réduire au silence.

Batterie de protection.

L'Artillerie de l'assiégé doit protéger la position avancée de la défense. Rappelons que cette position est constituée par une série de centres de résistance, placés entre 2 et 3 Kilomètres en avant de la ligne principale de défense.

Cette protection s'obtient au moyen de canons tirant sur les troupes, pendant qu'elles parcourent les abords et les flancs des centres de résistance pour leur donner l'assaut.

L'objectif est mobile; il faut donc que les canonniers le voient directement et puissent pointer à la hausse.

Les pièces chargées de ce rôle ne pourront voir le terrain qu'elles doivent découvrir qu'à la condition d'être placées en avant du sommet du plateau, le plus souvent même sur la crête militaire. Dans ces conditions, elles seront vues presque toujours par les batteries de l'attaque, et elles seraient rapidement anéanties si elles étaient à poste fixe.

Aussi les laissera-t-on dans des abris, où elles sont cachées soit par les formes du terrain, soit, par une particularité du sol. Les abris sont reliés, par des chemins défilés, avec les positions de combat des pièces, où celles-ci sont portées rapidement lorsque l'ennemi prononce l'attaque de la position avancée de la défense.

Il faut donc que ces canons soient très-mobiles. On emploie presque toujours des canons de campagne de 80 ou de 90. Ils ont d'ailleurs une puissance suffisante pour tirer contre les troupes à la distance de 2 à 4 K.m.

On donne à ces batteries le nom de « Batteries de protection. »

Lorsque, par suite des formes ou des accidents du terrain, on pourra leur donner une position de combat cachée aux vues des batteries de l'attaque, on les laissera à demeure dans cette position. – Elles pourront alors être formées de canons de calibre moyen.

Telle est l'installation de l'artillerie destinée à la défense extérieure. Elle comprend trois espèces de batteries, ayant chacune un rôle distinct: Batteries de crête, batteries hors de vue et batteries de protection. Vous avez vu, dans la 2e partie du cours, comment sont organisées ces batteries.

Munitions.

Les munitions sont réparties de la manière suivante:

Dans les batteries sont ménagées des niches en maçonnerie, contenant quelques coups. Des magasins de batterie, cachés aux vues, aussi rapprochés que possible des batteries, contiennent des munitions confectionnées pour un jour ou deux (soit 100 à 200 coups par pièce).

Lorsque les emplacements de plusieurs magasins

de batterie sont trop exposés, on ne leur laisse que la moitié de l'approvisionnement qu'ils devraient avoir ; et on place l'autre moitié dans un dépôt intermédiaire, commun à plusieurs batteries et placé à une certaine distance en arrière.

Les magasins de batterie et les dépôts intermédiaires ne contiennent que des munitions confectionnées. Ils s'approvisionnent aux magasins de secteur, placés en arrière, plus près de la Place, dans des endroits bien abrités.

Les ateliers nécessaires pour la préparation des munitions confectionnées, sont dans les magasins de secteurs. Ceux-ci sont ravitaillés par les magasins généraux, situés dans le noyau central ou à proximité.

On vous a donné, dans la 2e partie du cours l'organisation de ces divers magasins.

Cette dissémination des munitions a été la conséquence de la dispersion des batteries. Au point de vue de la sécurité, elle donne beaucoup plus de garanties que si tous ces approvisionnements étaient concentrés en un même point où l'on serait exposé à les perdre tous en même temps.

Les servants des batteries sont relevés tous les jours. Pendant qu'ils ne sont pas de service aux pièces, ils sont logés dans des abris cavernes ou en béton ; ou bien, cantonnés dans des villages ou baraquements, non exposés aux coups de l'ennemi.

Défense rapprochée. Lorsque l'artillerie de la défense a succombé dans la lutte lointaine, et que l'assaillant s'est emparé de la position avancée de la défense, il entame la lutte rapprochée. Il faut que la ligne principale de défense soit en état de la soutenir.

Les troupes assiégées occupent cette ligne, en avant des batteries de crête. Elles ont organisé défensivement tous les obstacles du sol, villages, bois, etc, etc... Au besoin, elles ont construit des ouvrages de campagne. Elles ont ainsi créée des centres de résistance analogues à ceux de la position avancée de la défense. Ces centres de résistance doivent bien voir leurs abords : ils sont généralement sur la crête militaire.

Supposons que l'assaillant se soit emparé de ces centres de résistance et qu'il veuille attaquer les intervalles entre les forts, en négligeant ces ouvrages. Il arrivera devant la ligne des batteries de crête, qui sont toutes garnies de réseaux de fils de fer et d'autres défenses accessoires. Ces batteries sont très-rapprochées les unes des autres, et leurs intervalles sont en partie occupés par des parapets d'infanterie, de sorte qu'en réalité il n'y a entre deux forts qu'un certain nombre de passages assez étroits.

La marche de l'assaillant sera considérablement ralentie. Pendant ce temps, les pièces à tir rapide, sous tourelle ou à ciel ouvert, qui arment les flancs des forts, et les fantassins qu'on placera en arrière des forts, tireront sur les colonnes d'assaut et les arrêteront. Elles seront aidées d'ailleurs par les batteries de protection de la ligne de soutien qui, comme nous l'avons déjà vu, a été organisée, au moment du siége entre la ligne principale de défense et le noyau central.

Forts.

Les forts sont donc les véritables points d'appui de la ligne principale de défense. Pour qu'ils puissent remplir ce rôle, il faut qu'ils donnent sur tout l'intervalle un flanquement très-efficace. Il est évident que plus les forts seront rapprochés, plus ils donneront de force à la ligne principale de défense.

L'intervalle entre deux forts consécutifs ne devrait jamais dépasser la longueur de 3.000 mètres qui est la bonne portée des canons légers tirant à mitraille sur les troupes. De cette façon, un point quelconque de l'intervalle est battu par le canon des deux forts voisins.

Attaques rapprochées.

L'intervalle entre deux forts voisins étant de 3 Kilomètres au plus, l'ennemi ne pourra pas le forcer. Il sera obligé, pour prendre la ligne principale de défense, de s'attaquer à ses points d'appui, c'est-à-dire aux forts. Ceux-ci devront en conséquence être organisés pour résister aux attaques rapprochées.

Gêner l'investissement.

Nous avons dit que l'Artillerie de la défense doit retarder l'établissement de la ligne d'investissement et obliger l'ennemi à la tenir aussi éloignée que possible. On peut assigner ce rôle à quelques batteries de crête.

Mais, ce sont les pièces placées dans les forts qui peuvent le mieux le remplir. Ces pièces, en effet, sont en position dès le temps de paix. On est donc certain qu'elles pourront tirer dès que l'ennemi arrivera. Il peut ne pas en être de même pour les batteries de crête. Les forts occupent généralement les points culminants. Ils ont des vues plus étendues que les autres points de la ligne principale de défense.

Ce sont donc les forts qui offrent les meilleurs emplacements pour les pièces à longue portée, destinées à gêner l'investissement. Pendant que l'assaillant procèdera à l'investissement, ces pièces n'auront rien à craindre de l'artillerie de l'attaque, qui ne sera pas encore en état de tirer. Il y aura lieu de les retirer des forts, et de les placer dans des batteries de crête, lorsque l'assaillant aura construit et armé ses batteries.

Résumé. En résumé, la ligne principale de défense est donc organisée de la manière suivante :

Des forts, distants au plus de 3 kilomètres les uns des autres, en constituent les points d'appui. Ils ne prennent aucune part à la lutte éloignée et sont uniquement organisés pour la défense rapprochée. Ils sont armés de canons légers pour battre leurs abords et pour flanquer leurs intervalles. Ils contiennent en outre quelques pièces à longue portée, qui leur sont retirées, dès que l'ennemi aura établi sa ligne d'investissement.

La lutte d'Artillerie est soutenue :

1°. Par des batteries de crête à longue portée, placées dans les intervalles des forts, immédiatement en arrière de la crête du plateau.

2°. Par des batteries hors de vue, armées de canons courts, et placées en arrière des précédentes. Les munitions sont abritées dans des magasins échelonnés depuis les emplacements des batteries jusqu'aux magasins généraux de la forteresse.

Des batteries de protection soutiennent la position avancée de la défense. Leur position de combat est sur la crête militaire. Elles sont, en temps ordinaire, dans une position d'abri, placée à proximité.

Mobilisation. Toute cette organisation n'existe pas dès le temps de paix. Les forts, la plupart des batteries de crête, les abris pour le personnel et les magasins sont seuls construits.

Les travaux de mise en état de défense comportent l'organisation des centres de résistance de la ligne principale de défense, la construction des batteries qui n'ont pas été établies dès le temps de paix, enfin, l'organisation de la position avancée de la défense.

Armement. En ce qui concerne l'armement, tous les canons ne sont pas à leur emplacement définitif, dès le temps de paix. A ce point de vue, l'Instruction du 29 Juin 1888, divise l'armement en 4 parties.

1° Armement de sûreté;
2° Armement de mobilisation;
3° Armement disponible;
4° Batteries mobiles.

1° Armement de sûreté. L'armement de sûreté est seul en place dès le temps de paix. Il garantit la Place contre les attaques par surprise que pourrait tenter une colonne ennemie de faible effectif, pendant les premiers jours de la mobilisation.

Il comprend les canons des forts, affectés à la défense propre des ouvrages, et au flanquement des ouvrages voisins et des intervalles. Il comprend aussi les pièces à longue portée destinées à gêner l'établissement de la ligne d'investissement, et placées dans les forts.

2° de mobilisation. L'armement de mobilisation se compose de tous les canons, qui doivent être en batterie sur la ligne principale de défense, au moment où la mobilisation de la Place est terminée. Il comprend toutes les batteries qui entrent dans l'organisation de la ligne principale de défense. Le nombre de ces batteries est d'autant plus grand dans un secteur, que celui-ci a plus de chances d'être attaqué.

Cet armement est installé dès les premiers jours de la mobilisation. Il doit être suffisant pour repousser les attaques de vive force. Dans les forteresses de 1ère ligne, il peut être mis en place, en tout ou en partie, dès le temps de paix.

3° Disponible. L'armement disponible est une réserve, qui sert au renforcement des secteurs attaqués. Pendant le siège, on augmente cette réserve, à l'aide des canons que l'on peut sans inconvénient, retirer des secteurs non attaqués.

Les batteries destinées à recevoir l'armement

disponible, ne sont pas construites en temps de paix. Mais leur emplacement a été étudié et repéré. Il y aurait cependant avantage à en construire une partie dans les terrains rocheux des places de 1re ligne.

4° Batteries mobiles. Les batteries mobiles sont des batteries de campagne ou de montagne, qui sont affectées aux troupes de secteur ou à la réserve générale, pour appuyer leurs mouvements. Le plus souvent, placées derrière les épaulements, elles contribuent à la défense des positions occupées par ces troupes.

Nous avons vu comment sont placées et organisées les batteries sur la ligne principale de défense, ainsi que les magasins qui les desservent. Il nous reste à étudier qu'elles sont les positions à choisir comme emplacement de cette ligne, comment il faut y placer et organiser les forts.

Choix des positions.

Distance à l'enceinte. Si l'apparition de l'obus-torpille a augmenté dans des proportions considérables les effets des projectiles, la portée des canons n'a pas été modifiée. Ce que nous avons dit au sujet de la distance des forts à l'enceinte, dans l'ancienne organisation, s'applique à la nouvelle.

La ligne principale de défense devra donc se trouver à 6 Kilomètres de l'enceinte, et cette distance pourra être réduite à 3 Kilomètres, lorsque la position avancée de la défense sera très-forte.

Ces distances théoriques nous donnent une ligne dans les environs de laquelle il conviendra de chercher les positions propres à recevoir la ligne principale de défense. Pour nous guider dans le choix des positions, reportons-nous aux conditions qu'elle doit remplir.

Sur l'avant de la ligne, se trouvent les centres de résistance, occupés par l'infanterie et par quelques canons de campagne, battant bien leurs abords. Des batteries de protection, placées généralement sur la même ligne, soutiennent la position avancée de la défense.

A quelques centaines de mètres en arrière des centres de résistance est placée la ligne des batteries de crête, qui doivent être cachées aux vues de l'ennemi.

Il faut enfin que la zône comprise entre la ligne d'Infanterie et les batteries de crête soit bien battue par les forts, espacés à 3 Kilm au maximum. Comme les batteries, ces forts devront être cachés autant que possible aux vues de l'ennemi.

Pour satisfaire le mieux à ces conditions, les positions à choisir doivent ne pas être dominées et présenter une certaine profondeur.

La lutte d'Artillerie joue, dans le siège d'une Place un rôle prépondérant. La position la meilleure est celle qui donnera à la défense le plus d'avantages pour cette lutte, et par conséquent, le plus grand nombre de bons emplacements de batterie. Un plateau de 5 à 600m de profondeur, non dominé de l'extérieur, se développant parallèlement à l'enceinte serait une position excellente.

La ligne principale de défense sera au contraire dans de mauvaises conditions, si elle est tracée dans une plaine dominée, et si elle passe de distance en distance par des pitons isolés, donnant seulement les emplacements des forts et ne présentant pas de bonnes positions de batteries. Ces pitons étaient considérés autrefois comme excellents pour y placer les forts. On supposait que ceux-ci étaient en état de résister à l'artillerie ennemie, exécutant contre eux un tir convergent. Ils donnaient une grande force à leurs intervalles que l'assaillant ne pouvait pas songer à forcer sous le canon de ces forts. La ligne principale de défense ainsi placée était considérée comme très-forte.

Actuellement au contraire, elle n'aurait aucune valeur, car l'artillerie de la défense n'y trouve aucune place. Dans les forteresses, où la ligne principale de défense de certains secteurs est ainsi tracée, ce sont généralement ces secteurs qui présenteront le plus de facilités pour l'assaillant et qu'il faudra considérer comme points d'attaque.

Attaque et défense.

La ligne principale de défense présentant un grand nombre de bons emplacements de batteries, se trouve dans d'aussi bonnes conditions que l'attaque pour la lutte lointaine. Son artillerie est dispersée et bien cachée, comme celle de l'attaque. La défense a l'avantage de bien connaître le terrain sur lequel se trouve l'ennemi, et d'avoir une installation bien préparée dès le temps de paix. Elle doit donc pouvoir résister jusqu'à épuisement complet de ses ressources.

Emplacements des forts.

Les forts doivent bien voir le terrain situé en avant de la ligne des batteries de crête. On les placera, par conséquent, sur les points culminants, sur les mamelons de la position occupée par la ligne principale de défense.

Autrefois, les forts étaient placés sur l'avant du mamelon à occuper A. Mais ils avaient l'inconvénient d'être vus de la plupart des positions ennemies; ce qui rend cet emplacement inadmissible aujourd'hui.

Le fort actuel n'a pas d'ailleurs besoin d'avoir des vues éloignées, la position avancée de la défense étant soutenue par des batteries de protection, placées en dehors du fort. Il suffit qu'il voie le terrain qui l'entoure jusqu'à 3 à 500^{m}, afin d'être en état de résister aux attaques rapprochées ou de vive force; et qu'il découvre, comme nous venons de le dire, la zône de quelques centaines de mètres de largeur qu'il doit battre en avant des batteries de crête.

L'emplacement indiqué d'un pareil fort sera donc derrière la crête du plateau B. Il devra avoir très peu de relief et se raccorder par des pentes très douces avec le terrain naturel. Des positions ennemies il sera ainsi impossible de distinguer son emplacement. Si nous faisons une coupe parallèle à la ligne principale de défense, la silhouette du fort et du terrain se présentera ainsi. Dans le sens perpendiculaire, nous aurons cette coupe et voici la silhouette du terrain et du fort. Un pareil ouvrage ainsi placé est à peu près invisible de l'extérieur, dès qu'on est à une certaine distance.

L'ennemi qui attaquera la ligne principale de défense essaiera bien de bombarder les forts dont il connaîtra les emplacements approximatifs. Mais il lui sera difficile de régler son tir sur un but, qu'il pourra voir seulement à l'aide des ballons captifs.

Le fort ne prenant pas part à la lutte, l'ennemi ne pourra pas connaître les effets des projectiles qu'il lui enverra. Car dans un combat d'artillerie, le ralentissement plus ou moins sensible du feu des canons opposés donne la mesure de l'effet du tir.

D'ailleurs, les batteries de l'attaque seront constamment inquiétées par celles de la défense, et c'est contre celles-ci qu'elles auront surtout à diriger leurs coups.

Un fort dissimulé comme nous venons de le dire, sera donc dans les meilleures conditions pour résister à l'artillerie. Il sera peu endommagé lorsque l'ennemi abordera la position sur laquelle se trouve la ligne principale de défense. L'assaillant pour lui donner l'assaut, devra parcourir un espace de 3 à 500m entièrement battu par les feux du fort.

Position dominée.

Nous avons dit que la position sur laquelle on installera la ligne principale de défense ne doit pas être dominée. Si elle l'est par des hauteurs très-voisines, elle ne peut pas se prêter à la défense, et il faut la rejeter absolument.

Mais si elle est dominée, à plus de 3 Kilomètres de distance, par quelques hauteurs isolées, donnant un petit nombre d'emplacements de batterie, et si d'ailleurs la différence de niveau n'est pas trop considérable, la position pourra parfaitement être choisie comme emplacement de la ligne principale de défense.

Le plan tangent commun à la hauteur dangereuse et à la position choisie est très-légèrement incliné sur le plan horizontal. Ce que nous avons dit sur les batteries de crête et sur les forts s'applique encore. Il suffit, pour dissimuler ces ouvrages, de les mettre un peu plus loin en arrière de la crête du plateau.

Mamelon peu profond.

Lorsque le mamelon, choisi comme emplacement du fort, a peu de profondeur, on est obligé de placer le fort à l'avant du mamelon pour qu'il puisse bien battre ses abords. Il se trouve alors dans une situation très désavantageuse, et il faut l'organiser beaucoup plus solidement que s'il était dissimulé à l'arrière.

Le mamelon peut être trop large pour qu'un seul fort puisse battre à la fois les deux intervalles. On peut alors construire deux moitiés de fort, voyant chacune un intervalle. Ces deux moitiés seront généralement réunies par une ligne formant courtine.

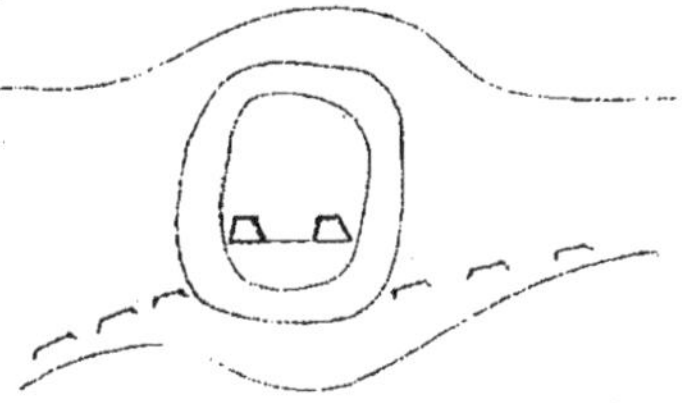

Lorsque l'un des deux intervalles est peu menacé, on peut le flanquer par une simple batterie, qui sera munie d'un obstacle et sera protégée par le fort. Celui-ci flanquera l'autre intervalle.

Enfin, dans certains cas, un fort unique sera dans l'impossibilité de battre tous ses abords. On complètera son action par quelques batteries dissimulées, placées à l'arrière et sous sa protection.

Organisation des forts.

Nous avons à examiner maintenant quelle organisation il convient de donner aux forts pour les mettre en état de remplir le rôle qui leur est assigné.

Un fort doit satisfaire aux trois conditions suivantes:

1° Retarder l'investissement;

2° Battre le terrain en avant des batteries de crête.

3° Etre en état de résister à toutes les attaques dirigées contre lui: surprise, attaque de vive force, bombardement et siège régulier.

1ère Condition. Pour satisfaire à la première condition, le fort devra contenir une batterie de pièces à longue portée, avec observation directe des coups. Cette batterie sera organisée de telle sorte que les canons puissent en être facilement enlevés et transportés au dehors, dès que l'assiégeant entamera la lutte d'artillerie.

2e Condition. Il faudra que chaque flanc du fort soit armé d'une batterie de canons de petit calibre pour flanquer les intervalles et les forts voisins. Ces canons n'auront à tirer que lorsque l'assaillant abordera la ligne principale de défense. Il faudra qu'ils puissent résister au bombardement, pendant lequel on pourra les placer dans une position d'abri.

3e Condition. Pour résister à toutes les attaques, qui pourront être dirigées contre lui, le fort devra posséder des crêtes assez longues et assez bien placées pour battre tout le terrain environnant. Ces crêtes seront garnies par l'infanterie et par quelques canons légers ou à tir rapide.

Pendant le bombardement, la garnison et les canons sont dans des abris à l'épreuve. Des guetteurs, entièrement abrités, surveillent l'extérieur. Dès qu'ils donnent le signal d'alarme, hommes et canons doivent arriver rapidement sur le rempart pour résister à l'assaut.

La marche des colonnes d'assaut sera entravée par des défenses accessoires qui devront être dissimulés et rester intactes jusqu'au dernier moment. Elle sera arrêtée par l'obstacle continu et bien flanqué, qui entourera le fort et qui ne devra pas pouvoir être détruit par l'artillerie de l'attaque.

Action de l'artillerie sur le fort. Le fort étant le point d'appui de la ligne principale de défense, l'ennemi cherchera à le ruiner

Il dirigera contre lui un tir méthodique, dans lequel il cherchera à atteindre avec des obus-torpilles tous les points du fort supposé divisé en tranches parallèles à la direction du tir. Lorsqu'il supposera que le fort est anéanti, il se contentera de lui envoyer de temps en temps quelques projectiles à mélinite ou à mitraille, pour empêcher le défenseur de réparer les dégâts.

Lorsque l'ennemi voudra donner l'assaut à la ligne principale de défense, deux cas peuvent se présenter suivant qu'il attaquera les intervalles ou les forts. S'il attaque les intervalles, il enverra sur les forts une grêle de mitraille de façon à rendre intenables toutes les parties du fort, et surtout les crêtes qui flanquent les intervalles. Il est indispensable qu'à ce moment les pièces des flancs soient, dans leur position de tir, abritées contre la mitraille.

Si l'assaillant attaque les forts, il les criblera de mitraille comme dans le cas précédent. Mais ici, pour ne pas atteindre ses propres troupes, il devra cesser le feu, lorsque la tête de ses colonnes d'assaut arrivera à 300 mètres environ de la crête du glacis. C'est le moment où l'infanterie et les canons légers devront quitter leur position d'abri et garnir les crêtes. Il n'est donc pas indispensable que les canons affectés à la défense propre du fort soient abrités contre la mitraille.

Forme générale.

De ces diverses conditions à remplir, nous pourrons déduire l'organisation à donner aux forts.

Le tracé des crêtes se déduit, comme dans l'enceinte basse des forts anciens, de l'obligation de bien battre les approches. Les flancs seront tracés de façon à bien découvrir le terrain en avant des batteries de crête et des forts voisins. Le fort sera aussi plat que possible de façon à présenter à l'ennemi un but peu profond, et par conséquent peu facile à atteindre.

Front de tête.

La forme de la crête du front de tête qui se prêtera le mieux à la condition de bien battre les abords sera généralement celle d'un redan très-aplati. Souvent il y aura avantage à donner au fossé du même front une direction rectiligne. L'ennemi pour ruiner la contrescarpe, la grille d'escarpe, et les organes de flanquement, cherchera à se placer sur le prolongement des fossés pour les prendre d'enfilade. La crête du glacis se confondant avec le massif du fort, la seule indication qu'aura l'ennemi pour déterminer le prolongement des fossés, sera la crête du front de tête. Il sera ainsi induit en erreur.

En ce qui concerne la dépense, d'un côté on économise un organe de flanquement puisqu'il y a un saillant de moins, et de l'autre on augmente le développement du fossé et par conséquent le prix de revient. Il pourra y avoir soit économie soit excès de dépense suivant les circonstances locales.

Obstacle. L'obstacle sera constitué par un fossé bien flanqué, qui donne seul des garanties suffisantes contre les attaques de vive force. La valeur de cet obstacle sera augmentée par l'emploi des réseaux de fils de fer et d'autres défenses accessoires. On n'emploiera le profil triangulaire que pour les ouvrages de 2e importance.

Les fossés devront être tracés de façon que leur prolongement ne fiche pas sur les emplacements des batteries de l'attaque, afin que celles-ci ne puissent pas détruire les organes de flanquement par l'enfilade des fossés.

Parapet. Le rempart et le parapet seront constitués, comme on vous l'a indiqué dans la 2e partie du cours.

Canons du front de tête.

Quatre à 6 canons à tir rapide paraissent suffisants pour la défense de l'ouvrage. Il faut qu'ils soient protégés contre le bombardement jusqu'au moment où l'ennemi, donnant l'assaut, est arrivé à 300 mètres du fossé, car les batteries de l'attaque sont alors obligées de cesser le feu.

Il suffit donc, à la rigueur, de laisser ces canons dans des abris à l'épreuve, en temps ordinaire, et de leur donner une position de tir à ciel ouvert. Il serait préférable, si cette solution n'était pas trop coûteuse, de les protéger par des tourelles cuirassées contenant chacune deux canons. Ces tourelles seraient placées au saillant du front de tête et aux deux angles d'épaule, où elles auraient un plus grand champ de tir.

Flanquement des intervalles.

Les canons, destinés au flanquement des intervalles, au nombre de 2 à 4 par flanc, devront, plutôt que les précédents être placés sous coupoles. Ils doivent en effet être protégés dans leur position de tir pendant tout le temps que dure l'assaut des intervalles. Et, en outre, ce sont les pièces les plus importantes du fort. Elles en sont la raison d'être puisque c'est pour flanquer les intervalles que le fort est construit.

Ces coupoles seront placées avantageusement à l'intersection du flanc et de la gorge. Elles auront ainsi plus de chances de rester intactes, étant protégées par le massif du flanc. Elles tireront contre l'ennemi qui chercherait à tourner le fort par la gorge. Si on ne peut pas mettre ces canons sous coupoles, on adoptera une des autres dispositions qui vous ont été décrites dans la 2e partie du cours.

Pièces longues. Quant aux pièces à longue portée, elles seront placées, comme on vous l'a déjà dit, soit sur le terre-plein du front de tête, soit derrière un épaulement spécial, situé en arrière du front de tête.

Garnison. La garnison du fort comprend les troupes d'infanterie affectées à la défense du fort, et le personnel nécessaire pour les canons destinés à la défense rapprochée, et au flanquement des fossés et des intervalles. On comptera pour le front de tête et les flancs, 1 homme par mètre courant de crête; et pour la gorge, 1 homme pour 2 mètres. Le nombre d'hommes, obtenu pour tout le fort en partant de ces bases, sera arrondi à un multiple de demi-compagnie.

Pour le service des bouches à feu, on comptera 8 canonniers et 4 auxiliaires pour chacune des pièces placées sur le rempart; 3 canonniers et 6 auxiliaires pour chacune des pièces flanquant les fossés.

Quant aux servants des pièces à longue portée destinées à retarder l'investissement, nous admettrons qu'ils seront relevés tous les jours. Le service de ces pièces doit se faire seulement avant que l'ennemi ait ouvert son feu. Le relèvement des servants ne présentera donc aucune difficulté, et ce personnel ne sera pas compris dans la garnison du fort.

Logements. On admet que les 2/3 de la garnison sont logés dans des casemates à l'épreuve. L'autre tiers, de service en armes, est réparti dans les coffres de flanquement, les tourelles et les parapets, où l'on a ménagé des abris à cet effet.

Les casemates-logements sont complétées par les locaux accessoires du casernement, cuisines, latrines, magasins aux vivres, etc, etc.... le tout réduit au minimum à cause de la dépense considérable nécessitée par la construction de ces locaux à l'épreuve.

Observatoire cuirassé. Un observatoire cuirassé permet à un guetteur de surveiller le terrain extérieur. Il est relié aux abris du rempart, au casernement et aux organes de flanquement, par une communication permettant de donner instantanément le signal d'alarme

Munitions. Les forts contiennent toutes les munitions confectionnées, nécessaires à la défense propre du fort, pendant toute la durée du siège. En ce qui concerne la batterie de pièces à longue portée, il conviendrait de la traiter comme les batteries de crête, c'est-à-dire placer dans un petit magasin de batterie, situé dans le fort, les 40 à 50 coups par pièce nécessaires comme premier approvisionnement, et faire ravitailler ce magasin de batterie par un magasin de secteur.

Ce ravitaillement se fera sans difficulté, les pièces ne devant plus tirer à partir du moment où l'ennemi ouvrira le feu.

Quand on a déterminé l'effectif de la garnison, ainsi que la quantité de munitions et d'approvisionnements à loger, on en déduit la capacité des locaux que l'on organise comme on vous l'a dit dans la 2e partie du Cours.

Communications. Les diverses parties du fort ayant peu de relief, les unes par rapport aux autres, les communications à ciel ouvert sont très-simples. Vous avez vu du reste comment sont organisées les communications souterraines, qui relient les locaux devant communiquer entr'eux, et celles qui permettent de déboucher des divers locaux dans les cours ou sur les terre-pleins.

Entrée. Pour pénétrer dans le fort, il y aura avantage à avoir deux entrées : une entrée ordinaire et une entrée de sûreté.

Entrée ordinaire. La première traverserait le fossé de gorge sur un pont, serait tenue au niveau du terrain naturel et aboutirait à la cour intérieure du fort. La continuité de l'obstacle formé par l'escarpe, serait rétablie au moyen d'un pont-levis ou d'un pont roulant. Ce passage serait utilisé, tant que le tir de l'artillerie ennemie ne l'aurait pas rendu impraticable.

Entrée de sûreté. L'entrée de sûreté serait au niveau du fond du fossé. Elle serait fermée par une porte au droit de l'escarpe. Elle desservirait les locaux de gorge situés dans son voisinage et aboutirait dans la cour du fort par une rampe couverte à l'épreuve.

Ce passage, quoique très-étroit, sera suffisant au moment du bombardement, où il n'y aura à faire que des mouvements de matériel de peu d'importance.

Divers terrains. Telle est l'organisation d'ensemble des forts détachés d'une forteresse. Ces forts peuvent être établis sur des terrains de natures diverses : Terrain ordinaire, rocheux, argileux ou aquatique. Vous avez vu, dans la 2e partie du cours, comment, sur chacun de ces terrains, sont constitués l'obstacle, les abris et le parapet. Il n'y a rien à ajouter en ce qui concerne les dispositions d'ensemble qui s'appliquent dans tous les cas.

Toutefois, lorsqu'un fort est bâti sur le roc, si une face de l'ouvrage est bordée par un escarpement, il est inutile de la munir d'un fossé. L'escarpement est un obstacle suffisant, à la condition d'en enlever toutes les aspérités et d'en rendre ainsi l'escalade impossible, même pour un homme exercé.

Un pareil obstacle ne peut pas être flanqué par le fort. Il n'a du reste pas besoin de l'être, à cause de l'impossibilité, où se trouvera l'ennemi de le franchir. Il suffit de le surveiller à l'aide d'un mur à bahut surmontant le sommet de l'escarpement.

Ouvrages intermédiaires.

Les forts dont nous avons jusqu'ici étudié l'organisation sont très solidement constitués. Armés d'une batterie des pièces longues, à vues très-étendues, ils auront une action très-efficace contre la ligne d'investissement. Mais il n'est pas nécessaire de donner à tous les points d'appui de la ligne principale de défense une organisation aussi solide.

Ouvrages intermédiaires. Un certain nombre de ces points d'appui n'auront pas de vues extérieures étendues. Il faudra, dans ce cas, faire l'economie de la batterie de pièces à longue portée. Car on n'a dans la place qu'un nombre limité de ces canons.

Il n'est d'ailleurs pas nécessaire que les forts, appelés à gêner l'investissement de la Place, soient rapprochés à 3^{K} les uns des autres. Il suffit de donner ce rôle à quelques-uns seulement des points d'appui de la ligne principale de défense ; ceux qui, en raison de leur situation, ont les vues les plus étendues et battent les communications importantes.

D'un autre coté, un certain nombre de points d'appui seront à peu près à l'abri d'une attaque régulière, par suite de leur position dans un rentrant ou derrière un terrain difficilement praticable (un marécage, un bras de fleuve, etc....)

Tous ces points d'appui, d'importance secondaire, pourront recevoir une organisation simplifiée

Ils ne contiendront pas de batterie de pièces à longue portée. Il suffira qu'ils soient à l'abri du bombardement et des attaques par surprise et que leurs flancs soient en état de battre, jusqu'au dernier moment du siège, les abords des intervalles et des forts voisins. Ces points d'appui ont reçu le nom d'ouvrages intermédiaires.

Obstacle. Il ne sera pas nécessaire de rendre l'obstacle aussi difficile à franchir que dans les forts. Il suffira d'adopter le profil triangulaire, dans lequel la contrescarpe devra être revêtue en maçonnerie et aura 4m de hauteur. Le terrain sera recouvert d'un réseau profond de fils de fer en deçà et au delà de la contrescarpe.

Parapet. Le parapet du front de tête sera organisé tout entier pour la fusillade l'ouvrage ayant peu à craindre une attaque directe. On pourra cependant y ménager, en arrière de la banquette à infanterie quelques plate-formes, sur lesquelles les troupes de secteur, amèneront des canons légers au moment du besoin.

Flancs. Les flancs devront être organisés aussi solidement que ceux des forts, car, il faut que les abords des intervalles et des ouvrages voisins soient parfaitement battus. C'est uniquement pour obtenir ce résultat que l'ouvrage intermédiaire est construit. Les flancs seront donc armés de 2 ou 4 canons légers, placés autant que possible dans une ou deux tourelles.

Garnison.

La garnison comprendra le personnel affecté au service des canons des flancs et un piquet d'infanterie pour la surveillance. Elle sera logée dans des locaux à l'épreuve.

Elle sera renforcée en temps voulu par les troupes de secteur lorsque celles-ci, chassées de la position avancée, seront refoulées sur la ligne principale de défense. Elle sera alors portée à l'effectif nécessaire pour la défense de l'ouvrage.

Munitions.

Les munitions confectionnées des pièces des flancs et les cartouches d'infanterie seront emmagasinées dans des locaux à l'épreuve de l'ouvrage, pour toute la durée du siège. Quant aux pièces de campagne, qui seront amenées du dehors au moment du besoin, elles porteront leurs munitions avec elles. On se contentera de ménager quelques niches dans le parapet, pour recevoir les coffres qui seront retirés des caissons.

5e Leçon.

Emploi des tourelles.

Pièces à l'air libre.

Dans l'organisation que nous avons adoptée pour la ligne principale de défense, toutes les pièces de gros et de moyen calibre, destinées à la lutte éloignée, sont à l'air libre. Leur installation est ainsi très économique. Nous avons néanmoins une ligne d'artillerie, difficile à atteindre, à cause de la dispersion des batteries, de leur dissimulation, et de leur faible profondeur.

Cuirasses.

Quelques ingénieurs étrangers estiment qu'il y aurait avantage à protéger la plupart de ces pièces par des cuirassements. Il est certain que si le cuirassement est en état de résister aux projectiles ennemis, la pièce qu'il abrite produira un effet utile beaucoup plus grand qu'une pièce à l'air libre, dont les servants peuvent être inquiétés par le tir de l'ennemi. On semble admettre qu'une pièce ainsi protégée produit autant d'effet que 3 pièces à l'air libre.

Réduction du nombre des canons.

On pourrait donc, si on admettait le cuirassement des pièces sur la ligne principale de défense, ne mettre que le tiers du nombre des canons que nous avons placés à l'air libre. Remarquons toutefois que les pièces cuirassées sont établies à poste fixe. Pendant le siège, il ne sera donc pas possible de dégarnir les secteurs non menacés. Leur renforcement du secteur attaqué ne pourra se faire qu'à l'aide de l'armement disponible, et les canons de renfort seront établis à l'air libre.

Grande dépense.

Même en admettant cette réduction de 3 à 1 du nombre des canons, la protection par des cuirassements des pièces de la ligne principale de défense, occasionnerait des dépenses considérables, et il n'est pas possible de songer à l'adopter. D'ailleurs, comme nous l'avons déjà dit, la ligne des batteries de crête à ciel ouvert se trouve dans de très-bonnes conditions pour la lutte.

On recule d'autant plus devant l'adoption des cuirassements pour la généralité des bouches à feu, que les coupoles et les tourelles, une fois construites, ne sont pas susceptibles d'être améliorées.

On peut réaliser de nouveaux progrès augmentant les effets produits actuellement par les projectiles. Les cuirassements actuels peuvent alors devenir inutilisables ; et les dépenses considérables qu'ils auront occasionnées, seront totalement perdues.

En général, nous ne nous servirons donc pas des cuirassements pour la protection des canons.

Emploi des cuirasses. Dans un certain nombre de cas, l'emploi des cuirassements est cependant indispensable ; lorsque l'emplacement du canon est déterminé, qu'il est exposé au tir convergent des batteries ennemies, et qu'en raison de son importance on tient à le conserver intact le plus longtemps possible.

Nous avons vu que, sur les flancs des forts et des ouvrages intermédiaires, il est très-utile d'avoir des tourelles pour protéger les canons qui flanquent la ligne principale de défense. Il est vrai, que dans ce cas, la tourelle ne doit abriter que des canons légers, et que ses dimensions sont restreintes, ce qui en diminue considérablement le prix de revient.

Quelquefois la ligne principale de défense n'offre pas d'emplacements de batteries, par exemple lorsqu'elle est tracée dans une plaine dominée, et qu'elle passe par quelques pitons servant d'emplacements aux forts. On est alors obligé de grouper les canons sur les pitons et de les protéger par des cuirassements contre le tir convergent de l'ennemi. Mais c'est là une solution très-désavantageuse, qu'il ne faudra accepter que si l'on ne peut pas donner un autre emplacement à la ligne principale de défense.

Enfin, dans les forts isolés, ou trop éloignés de la Place pour faire parti de la ligne principale de défense, les pièces cuirassées seront seules susceptibles de lutter.

Nomenclature. On vous a décrit, dans la 2e partie du cours, les divers systèmes de cuirassements employés.

Les casemates cuirassées ont un champ de tir limité. Elles sont utilisées dans les forts d'arrêt pour maîtriser une voie de communication.

Les tourelles tournantes, dissimulées, contiennent des canons courts, n'exécutant que le tir courbe.

Enfin, les tourelles à éclipse abritent des canons longs, exécutant le tir de plein fouet.

Emplacement. Lorsqu'on aura à installer sur la ligne principale de défense des engins de ce genre destinés à la lutte éloignée, il sera avantageux de les placer en dehors des forts, et sous leur protection immédiate. On évitera ainsi d'attirer sur les forts les projectiles destinés aux pièces cuirassées. Celles-ci seront mises à l'abri des surprises par quelques défenses accessoires et par une clôture. Elles seront d'ailleurs protégées par le fort et par la ligne d'infanterie placée en avant.

Dans les forts isolés, ces pièces ne peuvent être installées que dans l'intérieur de l'ouvrage.

Transformation des forteresses construites avant 1885.

Les points stratégiques importants sont tous fortifiés en France, et l'on n'aura vraisemblablement pas de longtemps à construire de toutes pièces de grandes forteresses. On pourra, tout au plus, pour les secteurs particulièrement exposés de certaines Places, modifier la position de la ligne principale de défense, si elle est mal placée eu égard aux nouveaux projectiles. La nouvelle ligne devra, dans ce cas, être organisée dans l'ordre d'idées que nous avons exposé.

Nous avons en réalité un grand nombre de places fortes, construites avant 1885, dans lesquelles on a dépensé des sommes considérables. Ces places, telles qu'elles ont été organisées, étaient hors d'état de résister à l'artillerie actuelle.

On ne pouvait cependant pas abandonner des fortifications, pour lesquelles on s'était imposé tant de sacrifices. On a cherché à les mettre à hauteur de l'artillerie nouvelle, au moyen de transformations moins coûteuses que la construction d'une nouvelle fortification.

Ces transformations se poursuivent actuellement dans nos places fortes. Il est nécessaire d'en faire une étude complète.

Artillerie.

L'artillerie placée dans les forts est hors d'état de soutenir la lutte. Il faudra donc retirer de ces ouvrages toutes les pièces de gros et de moyen calibre destinées à la lutte lointaine. On placera les pièces longues, le long de la ligne principale de défense, sur une ligne de batteries de crête, et les pièces courtes dans des batteries hors de vue, situées un peu en arrière des précédentes.

Les forts conserveront quelques pièces longues pour agir au loin contre l'investissement et destinées à être retirées quand les batteries de l'attaque ouvriront le feu. Ils garderont aussi quelques pièces légères pour leur défense propre, et pour le flanquement de la ligne principale de défense.

Comme les forts ont été construits sur les emplacements d'où l'on découvre bien les abords et les flancs de la position avancée de la défense, il faudra leur laisser les batteries de protection, lorsqu'on ne pourra pas trouver pour celles-ci des emplacements convenables en dehors.

Toutes les munitions nécessaires pour les pièces en dehors des forts, seront réparties en différents magasins, échelonnés depuis la ligne des batteries jusqu'au noyau central, et semblables à ceux des forteresses nouvelles.

Ouvrages intermédiaires. Dans l'ancienne organisation, les forts ont entr'eux une distance généralement trop grande. On a dû assurer complètement le flanquement de la ligne principale de défense. On a admis que l'on ajouterait des ouvrages intermédiaires partout où ce serait nécessaire, de façon que la distance entre deux points d'appui consécutifs, fort ou ouvrage intermédiaire, ne fût jamais supérieure à 3 Kilomètres.

Ces ouvrages ressemblent à ceux que nous avons décrits pour les forteresses nouvelles. Ils ont cependant une force un peu moindre, et l'armement de leurs flancs est moins bien protégé. Ces figures (fig. 62 et 63) représentent des ouvrages intermédiaires tels qu'on les construit.

Transformation des forts.

En ce qui concerne les forts, nous avons vu qu'ils devaient contenir :

1° Une batterie de pièces longues ;

2° Les canons légers destinés à leur défense propre et au flanquement des intervalles ;

3° Les batteries de protection, lorsqu'on ne peut pas leur trouver au dehors d'emplacement convenable.

4° Les munitions confectionnées nécessaires pour toutes ces bouches à feu.

L'effectif de la garnison et les locaux nécessaires comme logements et comme magasins seront calculés, de la même manière que pour les forts nouveaux. On tiendra compte de l'augmentation résultant de la présence dans le fort des batteries de protection.

L'escarpe, la contrescarpe et le flanquement des fossés seront modifiés comme on vous l'a indiqué dans la 2e partie du cours. Vous avez vu également comment seront organisés les nouveaux parapets, les emplacements des canons et les locaux à l'épreuve des projectiles actuels.

L'ancienne entrée du fort sera conservée comme

entrée ordinaire. On construira une entrée de sûreté qui devra être bétonnée. Elle sera reliée par des communications à l'épreuve avec les locaux les plus importants, logements des troupes et magasins à munitions.

Communications à l'intérieur des grandes forteresses.

Dans l'intérieur d'une grande forteresse, il y aura de nombreux déplacements de troupes et des transports considérables à exécuter. Lorsque l'on connaîtra le secteur attaqué notamment, il faudra le renforcer au moyen des ressources tirées des secteurs voisins et du noyau central. Pour que tous ces mouvements puissent s'exécuter facilement, il faut doter la Place d'un bon système de voies de communication. Les unes seront périphériques pour relier un secteur à ses voisins. Les autres rayonnantes pour le faire communiquer avec le noyau central.

Voies ferrées.

Dans l'ancienne organisation, ces communications étaient des routes ordinaires. Celles-ci ne seraient plus suffisantes actuellement. La dissémination des munitions exige, en effet, en plus des transports de renforcement, un mouvement continuel et important de munitions du noyau central à la ligne principale de défense. Ce ravitaillement des batteries d'artillerie est l'un des éléments essentiels de la lutte. Il faut qu'il soit assuré d'une manière certaine. On a admis, en conséquence, que les communications entre les diverses parties d'une grande forteresse comprendraient une voie ferrée, en plus de la route de terre ordinaire.

Ce chemin de fer, affecté avant tout à l'artillerie, pourra, éventuellement, être utilisé pour les transports des autres services, et pour les déplacements de troupes, qui se feront habituellement sur les routes ordinaires.

Voies permanentes.

Toutes les parties de la forteresse, construites en temps de paix, forts, batteries, magasins, etc, etc.. seront desservies par des voies ferrées, posées également en temps de paix, et appelées voies permanentes ou fixes. Les positions, occupées au moment du besoin seront réunies au réseau permanent au moyen de voies mobiles, dont la Place devra posséder un approvisionnement suffisant.

Les locomotives, employées à la traction, ne peuvent pas entrer dans certains établissements, notamment les magasins à poudre. La voie passe alors à proximité, et l'établissement est desservi par une voie de garage, en demi-lune si c'est possible, ou bien en cul-de-sac, sur laquelle on pousse les wagons à bras d'homme, ou bien, à traction de chevaux.

Une 1ère voie périphérique est placée en arrière des forts, des ouvrages intermédiaires, et des batteries de crête, qu'elle dessert. Sur cette voie viendront se greffer les voies mobiles, qui conduiront aux batteries de protection. Une 2e voie périphérique dessert, en arrière les batteries hors de vue. Des voies rayonnantes font communiquer ces voies périphériques entre elles et avec le noyau central. Les magasins à munitions se trouvent soit sur les voies périphériques, soit sur les voies rayonnantes.

Les voies périphériques ne sont pas nécessairement continues. On les interrompt lorsqu'elles rencontrent un obstacle difficile à franchir. Les deux extrémités qui bordent l'obstacle ne peuvent alors communiquer entre elles qu'au moyen de voies rayonnantes, qui rapprochent du noyau central.

La voie périphérique dessert

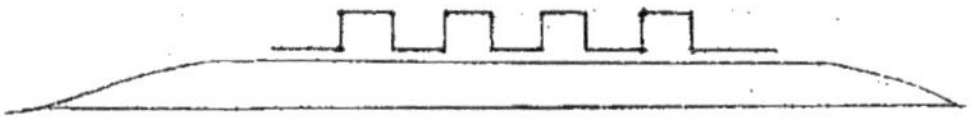

directement les batteries de gros calibre (155 et 220), au moyen d'une voie de garage passant directement à la queue des plates-formes. Elle peut passer à une certaine distance des autres batteries, qui sont alors desservies par des embranchements passant également par leurs magasins de batteries.

Traction. Des locomotives seront employées à la traction sur toutes les voies fixes, où l'on n'aura pas à craindre les éclats des projectiles. La partie du réseau ainsi exploitée, ira donc en diminuant à mesure que l'attaque gagnera du terrain. On emploiera la traction par chevaux ou à bras d'hommes sur les voies fixes exposées aux coups et sur toutes les voies mobiles. Ces dernières seront généralement trop imparfaitement posées, elles auront des courbes et des rampes trop accentuées, pour permettre la circulation des locomotives

Voies accolées aux routes. On a admis que, partout où l'état des routes le permettrait, les voies ferrées seraient posées sur leurs accotements. On réalise ainsi une notable économie. Mais il est bon que, dans ce cas, les routes aient une assez grande largeur, car, lorsque la traction se fera par chevaux, ceux-ci marcheront à côté de la voie et occuperont une partie de la chaussée.

Plan incliné. Lorsque la différence de niveau entre deux points est considérable, on peut les relier par un plan incliné, sur lequel les wagons sont remorqués au moyen d'un câble, actionné par une machine à vapeur. Celle-ci sera avantageusement placée au bas de la pente, où il sera plus facile de la protéger contre les coups de l'ennemi.

Lorsque la ligne principale de défense est sur une hauteur assez élevée, au dessus du noyau central, la voie périphérique se développe sur la hauteur et peut être reliée avec la ville au moyen d'un plan incliné, qui fait alors partie de la voie rayonnante.

Ce procédé serait surtout utile lorsque les pentes sont raides et rendent difficile le développement des lacets d'une voie à traction directe. Il n'a pas jusqu'ici été employé dans nos Places fortes.

Conditions à remplir.

Les communications, dans l'intérieur d'une

grande forteresse, doivent satisfaire aux mêmes conditions que celles des anciens fronts de fortifications. Ces conditions, au nombre de cinq ont été formulées par Noizet de la manière suivante :

1° Ne pas compromettre la sécurité de la Place ;

2° Ne pas être utilisables par l'ennemi ;

3° Etre commodes ;

4° Etre constamment praticables par les défenseurs ;

5° Etre indépendantes.

1ère Condition. La première condition est applicable à toutes les lignes de la défense, position avancée de la défense, ligne principale de défense, position de soutien et enceinte. Il faut que toute voie qui pénètre dans une de ces lignes soit barricadée et bien gardée ; qu'elle soit battue par les feux d'un ouvrage, qui devra être très-rapproché afin que son action soit efficace, même en temps de brouillard.

2e Condition. Pour que la 2e condition soit remplie, c'est-à-dire pour que les voies de communication ne soient pas utilisables par l'ennemi, il y aura lieu de les tracer de façon qu'elles soient entièrement vues par les ouvrages en arrière. Lorsqu'on sera obligé d'abandonner le terrain sur lequel elles sont construites, on en détruira les parties difficiles à rétablir, telles que, les ponts, les murs de soutènement dans les parties escarpées, etc.....

3e Condition. Les communications seront tracées de façon à satisfaire à la 3e condition (être commodes). On devra ne pas leur donner des pentes trop raides, ni des tournants difficiles. A tous les carrefours ou bifurcations, on mettra des poteaux indicateurs faisant connaître les points vers lesquels conduisent les divers chemins. Les écriteaux seront placés assez bas pour que, pendant la nuit, on puisse lire leurs indications en projetant sur eux la lumière d'une lanterne.

4e Condition. La 4e condition (être constamment praticables par les défenseurs) exige que les chemins soient entièrement défilés des vues de l'ennemi. S'il n'en était pas ainsi, l'assaillant tirerait à mitraille sur les chemins, dès qu'il verrait s'y produire des déplacements de troupe, ou des transports de matériel; et il rendrait ces mouvements impossibles pendant le jour.

La ligne principale de défense étant généralement sur une hauteur, les voies, qui la relient au noyau central, se développent sur les pentes tournées vers la ville, et seront souvent défilées par leur position même sur le terrain. Il n'en sera pas de même des chemins conduisant à la position avancée de la défense, qui se développeront sur le versant exposé du côté de l'ennemi.

Toutes les fois que les chemins ne seront pas cachés par les formes du terrain, on obtiendra leur défilement par des obstacles accidentels comme les haies, les clôtures, les bois, etc.... etc.... On pourra aussi, dans ce but, planter des haies d'arbustes à feuillages persistants (sapins, troënes, etc... etc....) ou bien une bande d'acacias d'une dizaine de mètres de largeur, dont les branchages suffiront, même quand ils n'ont pas de feuilles, en hiver, pour masquer les communications.

Pour les voies ferrées, on devra, autant que possible, cacher à l'ennemi, non seulement le materiel roulant, mais encore, la fumée des locomotives.

5e. Condition. Pour satisfaire à la 5e condition (être indépendantes), il faut que les voies conduisant à une position ne se confondent pas avec celles qui desservent les positions voisines. Lorsque des troupes partent du noyau central pour se rendre en même temps sur plusieurs positions, chacune d'elles doit pouvoir se rendre à son poste sans emprunter le chemin choisi par les autres. S'il n'en était pas ainsi, il se produirait des encombrements préjudiciables à la défense.

Cette condition sera généralement facile à remplir du côté de la ligne principale de défense. Il n'en sera pas de même près du noyau central, où l'espace est plus restreint et où plusieurs voies, venant de directions différentes, se réunissent souvent en un tronçon commun.

Il faut alors que ce tronçon ait un débit égal à la somme des débits des chemins qui s'y déversent. Mais, pour éviter les erreurs dans les mouvements, il vaudrait mieux que chaque voie fût séparée des autres sur tout son parcours. On devra tâcher de réaliser ce desideratum, au moins dans le secteur des attaques.

Ceinture. Une grande voie de ceinture extérieure entourera le noyau central. On pourra ainsi, de chaque côté de la Ville exécuter des mouvements de secteur à secteur, sans passer par le noyau central. Sans la voie de ceinture, ces mouvements ne pourraient se faire qu'en passant par l'intérieur de la Ville, où ils produiraient des encombrements si on les exécutait simultanément.

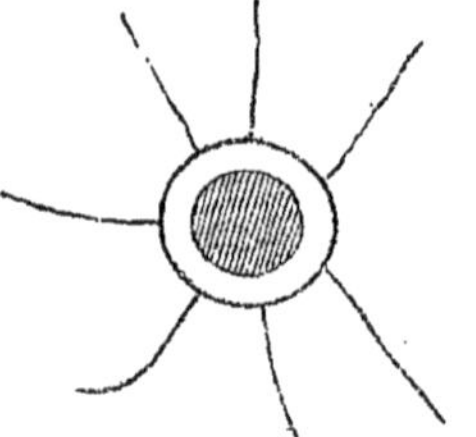

Traversée de la Ville. Il faudra que le noyau central soit parcouru par de larges voies qui permettront aux troupes de traverser rapidement l'enceinte. Les entrées de ces voies dans la ville devront être bien défendues, comme nous l'avons déjà dit, afin de ne pas compromettre la sécurité de la Place.

Cours d'eau.

Lorsque la forteresse est traversée par un cours d'eau, il est de la dernière importance que les troupes puissent se porter rapidement d'une rive sur l'autre. Parmi les ponts existants, il peut se faire qu'un petit nombre seulement soient défilés, et qu'il faille en construire quelques autres au moment du besoin.

On devra alors approvisionner les matériaux nécessaires pour cette construction, si on n'est pas certain de les trouver sur place au moment voulu. On exécutera, dès le temps de paix, les tronçons de chemin aboutissant aux emplacements de ces ponts de circonstance, les routes ne permettant un transport important que lorsque leurs chaussées sont faites depuis longtemps.

Position de soutien.

Nous avons vu que le défenseur commence à organiser une position de soutien, sur la zône attaqué, dès qu'il connaît cette zône. En temps de paix, on a fait toutes les hypothèses d'attaque possible, et étudié l'organisation de la position de soutien dans chacun des cas. Dès que l'on est fixé sur le point d'attaque choisi par l'ennemi, on n'a donc plus qu'à exécuter dans la partie attaquée les projets établis à l'avance.

La position de soutien doit appuyer la ligne principale de défense. Son organisation ressemblera donc à celle que nous avons décrite pour celle-ci.

Batteries.

Elle comprendra une ligne de batteries de crête, dissimulées et armées de canons à longue portée (155 L et 120). Ces canons tireront sur les batteries de 2e position, installées par l'ennemi pour préparer l'attaque de la ligne principale de défense.

En arrière des batteries de crête, seront des batteries hors de vue, armées de canons courts (220 et 155 c) et tirant :

1° Sur les positions de la ligne principale de défense conquises par l'ennemi.

2° Sur les batteries hors de vue installées par celui-ci.

Les canons courts de la position de soutien ne doivent entrer en jeu que lorsque l'assaillant s'est emparé de la ligne principale de défense.

Enfin des batteries de protection à vues directes

ont pour objet de battre les abords et les flancs de la ligne principale de défense.

L'artillerie de la position de soutien provient des batteries en avant qui ont été désarmées, de l'armement disponible, et des canons retirés des secteurs non attaqués.

Munitions. Les munitions seront réparties dans des magasins de batteries, qui seront ravitaillés par les magasins de secteur, ayant déjà servi pour la ligne principale de défense. Les emplacements de ces derniers auront été choisis en conséquence. Un réseau de voies de communication, analogue à celui que nous avons déjà décrit, desservira ces batteries et ces magasins.

Points d'appui. La position de soutien sera jalonnée par une série de points d'appui, distants les uns des autres de 3 Kilomètres au maximum. Pour choisir leurs emplacements, on s'inspirera des considérations qui ont déjà servi à déterminer les positions des forts. Ces points d'appui seront constitués par des ouvrages de fortification passagère, dissimulés et conçus dans le même ordre d'idées que les ouvrages intermédiaires de la ligne principale de défense. Leurs flancs seront armés de canons légers pour battre le terrain en avant des batteries de crête. Ils auront une certaine longueur de crête d'infanterie pour tirer sur le même terrain.

Abris.

Ces ouvrages ne pourront pas être dotés de locaux à l'épreuve, le temps dont on disposera ne permettant pas de construire des abris en béton de ciment. On construira, toutes les fois que ce sera possible, de grandes galeries de mine, placées aussi près que possible de l'ouvrage. Ou bien, on utilisera les abris existants, comme les carrières. Dans certains cas, on pourra en construire, pendant le temps de paix, aux emplacements convenables.

Dans certaines Places comme Paris, Lyon, Verdun, etc... les points d'appui de la position de soutien existent déjà, soit, sur tout le pourtour de la Place, soit dans quelques secteurs seulement. Ce sont les anciens forts détachés, dont la distance au noyau central a été trouvée insuffisante pour mettre la Ville à l'abri du bombardement, et en avant desquels on a construit une nouvelle ligne de forts.

La position de soutien se soude à la position non attaquée de la ligne principale de défense, sur deux forts restés intacts A. et B. Ces deux points de jonction sont 2 points faibles. Ils constituent

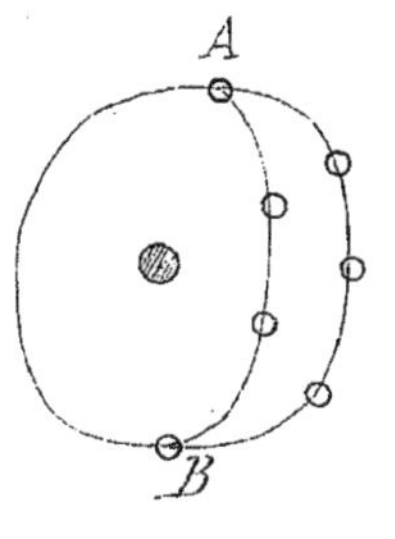

2 saillants, pouvant être en partie enveloppés, et les deux forts A et B, pris en flanc, sont plus faciles à faire tomber que si on les prenait de face. Ces deux extrémités de la position de soutien devront donc être organisées et armées plus solidement que les autres parties.

Enfin la position de soutien sera appuyée par l'enceinte du noyau central, qui jouera par rapport à elle, le rôle qu'elle a joué elle-même par rapport à la ligne principale de défense.

Il nous reste à examiner comment doit être organisé le noyau central.

Enceinte du noyau central.

Le rôle de l'enceinte du noyau central est :

1° De mettre la forteresse à l'abri d'une surprise ;

2° D'appuyer la position de soutien de la

défense;

3° De prolonger la durée de la résistance après la prise de la position de soutien

Lorsque les travaux de mise en état de défense ne sont pas achevés, l'ennemi peut arriver à forcer l'intervalle entre deux forts. S'il veut alors pénétrer dans la Ville, il se heurtera à l'enceinte. S'il se retourne contre les forts pour les prendre par la gorge, il sera lui-même pris à dos par les défenseurs du noyau central. Dans les deux cas, l'existence de l'enceinte fera échouer son entreprise et mettra ainsi la forteresse à l'abri des surprises.

Pour obtenir ce résultat, une enceinte de sûreté peut à la rigueur suffire. Il n'en est pas de même s'il s'agit de continuer la lutte, après la chûte de la position de soutien. Il faut alors que l'enceinte soit en état de résister aux attaques de vive force et oblige l'ennemi à passer par les lenteurs des travaux d'approche.

Nous avons déjà montré l'importance que peut avoir sur l'issue de la campagne la prolongation de la durée de la résistance, ne fût-elle que de quelques jours. Il faudra donc se procurer les moyens de prolonger la défense en faisant de l'enceinte non une simple clôture, mais une ligne capable de résister aux assauts.

Bombardement. On objecte, il est vrai, qu'une Ville, dont les défenseurs sont refoulés jusqu'à l'enceinte, est exposée au bombardement et ne tarde pas à succomber. Mais cette assertion est loin d'être démontrée. Pendant la dernière guerre, bon nombre de places ont résisté au bombardement.

D'ailleurs, au moment où le défenseur a perdu tout le terrain des attaques jusqu'à l'enceinte, comme la Ville est généralement assez grande, une partie seulement est exposée au bombardement : celle qui est voisine de la région attaquée. – Le Gouverneur devra faire évacuer par la population civile toutes les habitations exposées. Il logera cette population soit dans les parties de la Ville non exposées, soit, dans des abris tels que les tunnels, les cavernes, etc, etc ..., soit, en dehors de la ville dans les secteurs non attaqués. Dans ces conditions, le bombardement ruinera bien les constructions civiles : Mais la population ne sera pas exposée et on pourra continuer la résistance.

Etendue des enceintes. Lorsqu'on a à construire une enceinte, on peut soit la tracer de façon à serrer les habitations de très-près, soit laisser de grands espaces vides entre la fortification et la Ville.

Inconvénients. Dans ce dernier cas, on a des enceintes de grande étendue, auxquelles on a reproché d'être très-coûteuses et d'exiger beaucoup de monde pour leur défense. Le premier reproche est fondé. Quant au second, il faut remarquer qu'au moment où l'enceinte sera réellement attaquée, le défenseur aura perdu la ligne principale de défense et la position de soutien. Les troupes de secteur qui les occupaient auront été refoulées. Complétées par celles qu'on tirera de la réserve générale, elles donneront un effectif plus que suffisant pour l'enceinte. Celle-ci, du reste, devra être défendue, non sur tout son développement, mais seulement sur la partie tournée vers les attaques. La garnison de la forteresse ne sera donc pas augmentée en réalité, lorsque l'enceinte aura un grand développement.

Avantages. Ces grandes enceintes présentent d'un autre côté de sérieux avantages.

Le bombardement produit moins d'effet sur la population civile, car celle-ci trouve beaucoup plus d'emplacements non exposés aux projectiles ennemis dans l'intérieur d'une ville de grande étendue.

L'enceinte, ayant une forme plus aplatie, est plus difficile à enfiler.

Elle présente un grand développement sur lequel il est facile de disséminer de nombreuses batteries.

Elle ne met pas obstacle à l'augmentation des constructions civiles. Et c'est là une considération très-importante. Lorsqu'on n'en a pas tenu suffisamment compte; on est, dans la suite obligé de déplacer à grands frais, l'enceinte existante.

Enfin, elle permet d'englober les gares de chemins de fer dans la Ville, ce qui donne beaucoup de facilité pour l'approvisionner. En 1870 la gare de Metz n'a pas pu recevoir, avant l'investissement complet, les trains d'approvisionnement qui lui étaient destinés et qui furent détruits plus tard. Cela ne serait probablement pas arrivé, si la gare s'était trouvée dans l'intérieur de la Ville, au lieu de ne lui être reliée que par des routes, étranglées aux portes d'entrée de la fortification.

En dehors de ces considérations générales, le terrain extérieur exercera une grande influence sur la détermination du polygone à fortifier.

Hauteur.

Ainsi lorsqu'une hauteur dominante sera dans le voisinage de la ville, on l'occupera si elle n'est pas trop éloignée. Mais, si cette occupation donnait à l'enceinte un trop grand développement, il faudrait y renoncer et serrer alors les habitations de près, afin de placer la fortification le plus loin possible de cette hauteur.

(Fig. 3). C'est ainsi que l'enceinte à l'Ouest de Paris, (fig. 3) a été tenue en deçà du Bois de Boulogne afin de l'éloigner des hauteurs de Meudon - Montretout. Si on agrandissait l'enceinte de ce coté, il faudrait, au lieu de la placer sur la rive droite où elle serait complètement dominée, lui faire occuper les hauteurs de Montretout et du Mont-Valérien sur la rive gauche de la Seine.

Cours d'eau. Si la ville s'étend près d'un cours d'eau difficile à franchir, on pourra tracer l'enceinte en deçà du cours d'eau, qui leur donnera une grande valeur défensive. Dans ce cas, il sera souvent nécessaire de construire une tête de pont sur l'autre rive du fleuve. On assurera ainsi les communications entre le noyau central et les troupes et établissements de la défense placés sur l'autre rive.

Forme du polygone. La forme du polygone à fortifier dépendra uniquement du terrain. Il faut que l'enceinte voie bien tous ses abords, et flanque la position de soutien qu'elle est chargée d'appuyer.

Lorsque l'on trouvera autour de la Ville des positions

très fortes, protégées par des obstacles naturels tels que des escarpements rocheux, un cours d'eau, des inondations ou des terrains marécageux, on y placera les saillants qui seront reliés par des lignes droites. On obtiendra ainsi une enceinte, forte en tous ses points : aux saillants par leur position sur le sol, et le long des lignes qui les relient par suite des propriétés des fronts en ligne droite.

Si on a au contraire un terrain plat et uniforme, on donnera à l'enceinte la forme générale d'un polygone à courbure sensiblement régulière. Car, à superficie égale, c'est ce polygone qui a le plus petit périmètre. C'est donc celui dont la fortification sera la moins coûteuse. Et d'un autre côté, il n'y a pas de raison pour créer des saillants accentués, c'est-à-dire des points faibles, tous les points de l'enceinte ayant besoin de la même protection.

Mode d'organisation.

Les enceintes se divisent en deux catégories : Enceintes « à fronts accolés et enceintes « morcelées. »

Le système des fronts accolés consiste en une série de fronts, placés à côté les uns des autres et donnant une ligne de fortification uniforme et continue.

Dans les enceintes morcelées, les points principaux du terrain sont occupés par des forts que l'on réunit par des lignes de fortification de faible profil.

Fronts accolés. L'enceinte à fronts accolés est simple et peut s'appliquer partout. On lui a reproché le défaut de tomber tout entière, lorsqu'elle est forcée en un de ses points, de sorte que la valeur d'une pareille enceinte ne sera jamais que celle de son point le plus faible.

Ce reproche serait fondé si toutes les parties du tracé avaient un profil uniforme. Il n'en sera pas de même si on a eu soin d'adopter un profil variable, auquel on donne d'autant plus de force que les points auxquels il s'applique sont plus faibles par suite de leur position sur le terrain.

Enceintes morcelées. Jusqu'en 1860, on a exclusivement adopté en France les enceintes à fronts accolés. Mais, après l'apparition de l'artillerie rayée, et surtout après l'apparition en 1866 des fusils à longue portée et à tir rapide, on a employé les enceintes morcelées.

Les propriétés de ces armes ont permis aux forts de l'enceinte de protéger des intervalles de grande étendue. On a pu ainsi construire des intervalles de faible profil et par conséquent peu coûteux, tout en ne plaçant qu'un petit nombre de forts le long de l'enceinte; l'économie réalisée dans la construction des intervalles compensait l'augmentation de dépense, occasionnée par les forts.

Il n'en était pas de même autrefois, où, la nécessité de placer les forts très-près les uns des autres, pour protéger efficacement leurs intervalles, rendait le système des enceintes morcelées beaucoup plus coûteux que celui des fronts accolés. Malgré cela, les Allemands avaient employé les enceintes morcelées, longtemps avant l'apparition des armes à tir rapide. Vous avez vu, dans la 1ère partie du Cours, que l'enceinte de Rastadt est constituée par les 3 forts: Frédéric, Louis et Léopold, réunis par des lignes de faible profil.

En France, on n'a adopté ce système qu'après 1866. On l'a appliqué notamment à Belfort et à Lyon.

Avantages. Les enceintes morcelées ont les avantages suivants:

L'ennemi, qui a forcé l'enceinte en un des ses points, n'est pas pour cela maître de la Place. Il doit encore s'emparer de tous les forts qui sont indépendants les uns des autres.

L'assaillant ne cherchera pas à s'emparer des intervalles, où il serait exposé aux feux croisés des deux forts voisins, et dont la prise ne l'empêcherait pas d'être obligé d'attaquer ensuite ces forts. Il aura tout avantage à aborder directement les forts. Ces derniers sont donc les seuls points d'attaque, dont le nombre est par suite très-limité.

La garnison est en grande partie logée dans les forts. Elle est ainsi séparée de la population civile et échappe à son contact démoralisant pendant le siège.

Inconvénient.

A côté de ces avantages, les enceintes morcelées ont l'inconvénient de diviser la défense, de lui donner moins d'unité, chacun des forts étant nettement séparé du reste de la fortification. Mais, somme toute, ce système était très-avantageux tant que les forts ont été en état de fournir isolément une résistance sérieuse.

Situation actuelle.

La situation a complètement changé avec l'artillerie nouvelle. L'enceinte est visible de loin et les forts s'en distinguent parfaitement pour un observateur placé sur les positions ennemies. Il sera donc facile à l'assaillant de concentrer sur eux le feu de son artillerie et de les ruiner en peu de temps. Ces ouvrages tomberont ainsi très-rapidement, et entraîneront avec eux la chûte de l'enceinte.

Pour les mettre en état de résister, il faudrait protéger leurs canons par des cuirassements ce qui occasionnerait une dépense hors de proportion avec les services qu'on attend de l'enceinte.

Le système des fronts accolés, au contraire, ayant une apparence uniforme sur tout son développement, et présentant une série de batteries disséminées, obligera l'ennemi à disperser son feu. On pourra plus facilement continuer la lutte.

C'est donc le système des fronts accolés qu'il convient d'employer à l'avenir; c'est celui dont nous allons décrire l'organisation.

Enceinte à fronts accolés:

Nous appelerons régions principales les parties de l'enceinte tournées du côté des secteurs considérés comme points d'attaque; et régions secondaires les parties qui, tout en étant moins menacées que les précédentes peuvent cependant être exposées à une attaque.

Les régions principales doivent avoir plus de force de résistance que les régions secondaires.

Quant aux autres parties de l'enceinte, qui, par suite de leur position ne peuvent pas être attaquées, il suffit de les mettre à l'abri des surprises.

Parties non attaquables. On a quelquefois proposé de constituer l'enceinte de ces parties par un simple mur isolé de 4 à 5m de hauteur. Cette solution ne présente aucune garantie même contre les surprises. Quelques coups de canon, tirés à grande distance, suffiraient pour faire une large brèche dans une pareille muraille et détruire ainsi toute sa valeur.

Il est presque aussi économique, et bien meilleur au point de vue défensif, d'employer une grille de 4m de hauteur, garnie de tôle à la partie inférieure pour arrêter les balles.

Régions secondaires. Dans les régions secondaires, on creusera en avant de la grille un petit fossé de 3 à 4m de profondeur. La grille sera posée au sommet de l'escarpe. Le flanquement du fossé sera obtenu au moyen du tracé

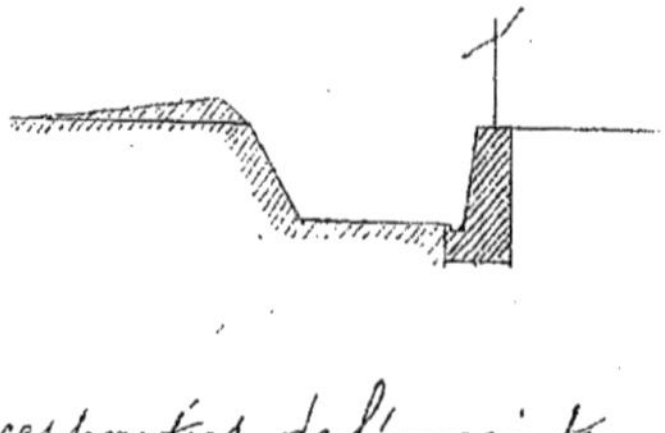

On pourra aussi, dans ces parties de l'enceinte, remplacer la grille par un parapet en terre. La fortification ressemblera alors à celle que nous allons décrire pour les régions principales. Mais, elle aura un parapet moins résistant et un obstacle de moindre valeur.

Régions principales. Le fossé des régions principales aura 4^{m} de profondeur au moins, et une largeur de 8 à 10^{m}. La contrescarpe sera revêtue; on la surmontera d'une grille de 2^{m}.50 aux parties les plus exposées.

Contrescarpe. Une contrescarpe en béton serait beaucoup trop coûteuse, à cause de la grande longueur de l'enceinte. Nous admettrons qu'elle sera en maçonnerie ordinaire. L'inconvénient est ici moindre que dans les forts. En raison de la forme très aplatie de l'enceinte, l'ennemi ne pourra pas prendre la contrescarpe d'enfilade. Il lui sera donc difficile de loger un projectile derrière ce mur.

Parapet. Le parapet aura 10 à 12^{m} d'épaisseur et un relief de 5 à 6^{m}. Nous aurons ainsi un rempart visible de loin. Mais c'est là un inconvénient qu'il est impossible d'éviter. L'enceinte se développe autour de la Ville, et par conséquent sur un terrain généralement bas. Elle sera toujours dominée par les hauteurs environnantes, et ne pourra pas être dissimulée.

Dans ces conditions, il vaut mieux donner franchement une grande épaisseur au parapet, qui ne pourra ainsi être dérasé qu'au prix d'un sérieux effort fait par l'artillerie de l'assaillant.

Le parapet, ayant un relief de 5 à 6^{m}, masquera à l'ennemi les mouvements de troupe qui se feront dans la rue militaire, et la crête ainsi élevée, pourra facilement voir tous les abords de l'enceinte sur une assez grande étendue. Avec une hauteur moindre, elle aurait ses vues masquées par le moindre pli du terrain et aussi par les parties accidentées du sol que l'on trouve en grand nombre dans les environs des Villes, plantations diverses, baraques de jardin, etc, etc.....

Equilibre des déblais et des remblais.

Le profil devra être établi de façon qu'il y ait équilibre entre les déblais et les remblais. Si cet équilibre n'existait pas, on serait obligé d'acheter des terrains en dehors de la fortification, soit pour y déposer les remblais en excédent, soit pour prendre la terre qui manquerait. Dans les deux cas, on courrait le risque de créer des couverts dangereux, et on augmenterait notablement la dépense, le terrain aux environs des Villes étant toujours d'un prix très-élevé.

Terrain rocheux et terrain aquatique.

Lorsqu'on sera en terrain rocheux ou en terrain aquatique, l'obstacle constitué par le fossé, comme on vous l'a indiqué dans la 2e partie du cours, aura une grande valeur, puisqu'il ne pourra pas être détruit par l'artillerie ennemie.

En terrain aquatique, on pourra quelquefois adopter le profil triangulaire. Mais la nécessité d'avoir un assez fort relief donnera, dans ce cas, une grande profondeur à la fortification. Et il pourra en résulter une dépense trop considérable, à cause du prix élevé du terrain, dans les environs des villes.

Armement.

L'armement comprendra des pièces de gros et de moyen calibre pour tirer sur les objectifs fixes, c'est-à-dire:

1° Les batteries de l'attaque dirigées contre la position de soutien, et contre l'enceinte elle-même.

2° Toutes les positions de la défense au fur et à mesure que l'ennemi s'en emparera: points d'appui de la ligne principale de défense et de la position de soutien, magasins, abris, etc, etc....

Ces canons seront placés en dehors de la fortification, dans l'intérieur de la Ville. Ils seront cachés aux vues. Mais on ne pourra généralement pas obtenir ce résultat par les formes seules du terrain. On devra installer ces batteries derrière des rideaux d'arbres ou des clôtures, dans les jardins, dans les parcs, etc, etc.... Elles seront assez éloignées des maisons pour ne pas recevoir les éclats de pierre produits par les projectiles.

Les pièces destinées à battre les abords et les flancs de la position de soutien et à balayer le terrain en avant de l'enceinte, doivent, tirer sur les troupes. Elles seront à vues directes et leur place sera sur le rempart. Elles auront une position d'abri distincte de la position de tir. Elles devront donc être de petit calibre.

Tracé.

En ce qui concerne le tracé, le système polygonal n'est pas ici applicable, parce qu'il ne permet pas de flanquer le fossé. Nous avons vu, en effet, que les caponnières sont trop facilement détruites par l'artillerie ennemie.

Quant aux coffres de contrescarpe, il sera à peu près impossible de les organiser aux saillants, à cause de l'angle très-obtus que font entr'eux deux fronts consécutifs dans les grandes enceintes. D'ailleurs les fossés auront rarement la profondeur de 5 mètres, nécessaire pour que les coffres de contrescarpe puissent être organisés dans de bonnes conditions.

On sera donc obligé de recourir au tracé à crémaillère quand la fortification remontera une pente, et au tracé bastionné, très-aplati, dans les autres cas. Les flancs devront d'ailleurs être toujours très-courts. Le flanquement se fera par leurs crêtes, au moyen de feux d'infanterie et de quelques mitrailleuses ou canons à tir rapide, qui auront des positions d'abri distinctes de leurs positions de tir.

Abris. Quelques abris à l'épreuve seront ménagés dans l'enceinte.

1° Pour les troupes de piquet chargées de la surveillance;

2° Pour les pièces de flanquement quand elles ne sont pas dans leurs positions de tir;

3° Pour les munitions de ces pièces.

Ces abris seront placés sous les plongées des flancs.

Les troupes seront cantonnées dans les parties les moins exposées du noyau central, et dans les villages situés entre l'enceinte et les forts non attaqués.

Rue Militaire. Un chemin appelé « Rue militaire » ou Rue du rempart » longera l'enceinte à l'intérieur. Sa largeur réglementaire est de 7m.79.

Dehors. En fait de dehors, l'enceinte pourra être munie d'un chemin couvert dans les régions principales les plus exposées, afin de faciliter la surveillance des abords. Il y aura avantage à placer la crête de ce chemin couvert à une certaine distance en avant de la contrescarpe, de façon à tromper l'assaillant sur la position de celle-ci. Mais il ne faudra adopter cette disposition que si, malgré son éloignement, le glacis peut être battu de l'enceinte.

En avant de chaque porte d'entrée, on placera un ravelin Ce sera une simple place d'armes de chemin couvert, sans fossé, qui suffira pour surveiller les abords de l'entrée.

Cavaliers. Les enceintes, pas plus que les forts ne doivent être munies de cavaliers, sur lesquels les canons ne sont pas en état de lutter contre l'artillerie ennemie.

Retranchements intérieurs Il n'y a pas lieu, non plus, de construire des retranchements intérieurs. Si ces ouvrages ont peu d'étendue, rien n'est plus facile à l'assaillant que de les éviter en faisant brèche plus loin.

Si on veut leur donner un grand développement de façon à protéger toute la région battue en brèche, et à éviter ainsi la possibilité d'être tournés, on aura des retranchements généraux qui occasionneront une grande dépense, peu en rapport avec les services qu'ils peuvent rendre.

6e Leçon.

Réduit de la défense.

Nous nous sommes occupés, dans la dernière leçon, de l'organisation de l'enceinte du noyau central. Lorsque cette ligne de fortification est prise, le Gouverneur doit encore essayer de prolonger la résistance, en réunissant toutes ses ressources dans un réduit.

Citadelles.

Dans les anciennes forteresses, ce réduit était constitué par une citadelle, placée sur la partie la plus forte de l'enceinte, et séparée de la Ville par un glacis appelé esplanade. La citadelle servait de refuge aux défenseurs quand l'enceinte était prise. En temps de paix, elle servait à maintenir les habitants dans l'obéissance.

Actuellement, une pareille organisation n'aurait aucune valeur. La citadelle occupe un espace étroit et souvent dominé par les hauteurs environnantes. Rien ne serait plus facile à l'assaillant que de diriger sur elle un tir convergent d'artillerie, qui la bouleverserait et la rendrait complètement intenable.

Réduits.

Dans quelques forteresses, il existe des positions, occupées par un ou plusieurs ouvrages, qui sont plus élevées que les autres positions environnantes et qui sont pourvues d'abris à l'épreuve. Il sera possible au Gouverneur d'y tenir un certain temps, avec ce qui lui restera de troupes valides. Ces forts seront alors les réduits de la défense.

Ainsi la position du Saint-Quentin est considérée comme le réduit de la défense de Metz. A Toul, le Mont Saint-Michel a le même caractère.

Dans quelques grandes Places comme, Lyon, Verdun, etc, etc... il existe des forts de 1ère et de 2e ligne. On pourra organiser un réduit de la forteresse, appuyé à un certain nombre de forts de 1ère et de 2e ligne, situés dans les secteurs non-attaqués. On constitue ainsi une sorte de forteresse, sans noyau central, dans l'intérieur de laquelle on aura eu soin de transporter les ressources qui resteront, et où l'on pourra continuer la résistance en sacrifiant la ville.

Inondations. Les inondations peuvent être un auxiliaire très-utile pour la défense. Elles rendent à peu près inabordable la ligne de défense, en avant de laquelle elles se trouvent. Mais il ne faut pas qu'elles pénètrent dans la partie du terrain, occupée par l'assiégé. Elles rendraient à celui-ci les communications très-difficiles; et elles paralyseraient ainsi son action.

Il faut donc éviter que l'ennemi puisse, au moyen de barrages placés en aval, inonder le terrain occupé par la défense.

Les inondations devront être tendues, par l'assiégé, au moyen de barrages placés en amont. Elles seront successives, et on n'inondera le terrain situé en avant d'une ligne de défense, que lorsque la ligne qui la précède sera tombée au pouvoir de l'ennemi.

Magasins généraux. Le noyau central doit contenir les magasins pour les approvisionnements de toute nature nécessaires à la défense. Ces magasins, seront, autant que possible, du côté des secteurs non exposés aux attaques. Ils ne seront pas groupés, afin que l'ennemi ne puisse pas, en bombardant un petit espace, détruire à la fois toutes les ressources de la défense. Ils seront reliés au réseau de chemins de fer militaires qui dessert toutes les lignes de défense, afin de faciliter la distribution de tous les approvisionnements dans les divers secteurs de la forteresse.

Tous les approvisionnements, qui ne sont pas logés dans des locaux à l'épreuve, doivent, en temps opportun, être retirés des magasins généraux, et répartis dans un grand nombre de petits magasins. Un projectile ne pourra pas ainsi détruire d'un seul coup tous les approvisionnements d'une nature déterminée. Cette répartition sera étudiée à l'avance, afin qu'on n'ait plus qu'à l'exécuter au moment du besoin.

Hôpitaux.

Les Hôpitaux seront placés dans les parties les moins exposées. On fera grand usage d'ambulances, établies dans les villages compris entre l'enceinte et les forts des secteurs non-attaqués. On disposera, à cet effet, dans les mêmes secteurs de grandes tentes d'ambulance.

Communications.

Des communications électriques, à fil aérien et à câble enterré, relient les forts entr'eux et avec le noyau central, et mettent celui-ci en relation avec le reste du pays. Les communications souterraines ont été établies avec les plus grandes précautions afin que l'ennemi ne puisse pas connaître leurs emplacements.

Il faut, néanmoins, prévoir le cas où elles seront coupées. On s'est ménagé la possibilité de faire communiquer la forteresse avec le reste du pays au moyen du télégraphe optique et des pigeons voyageurs.

Les postes de télégraphie optique ont été installés dans les forts, qui, en raison de leur situation dominante, voient plus facilement les points extérieurs avec lesquels il faut correspondre. Ces postes sont ainsi très exposés.

Dans bien des cas on pourra trouver, dans l'intérieur de la ville des points d'où l'on verra les postes extérieurs avec lesquels on doit se relier. Il ne faudra pas hésiter à y installer les postes optiques de la forteresse, au lieu de les laisser dans les forts.

Des colombiers militaires ont été établis dans toutes nos forteresses. Ils contiennent de nombreux pigeons voyageurs, maintenus en bon état d'entraînement. En temps de siège, ils mettront la place en relation avec d'autres forteresses du territoire, déterminées à l'avance.

L'aérostation n'a pas encore fait assez de progrès pour mettre d'une façon certaine la forteresse en communication avec l'extérieur. Mais, dès maintenant les ballons captifs sont un utile auxiliaire pour la défense. Ils peuvent s'élever à une grande hauteur au-dessus du sol et donner sur les mouvements de troupe et sur les travaux de l'assiégeant, des renseignements très-utiles, qui permettront à l'assiégé de ne pas être surpris.

Enfin on surveillera l'ennemi, pendant la nuit, au moyen d'appareils projetant la lumière électrique dans la campagne. Ces appareils, inventés par le Colonel du Génie Mangin sont montés sur roues et se déplacent facilement, de sorte qu'ils pourront être utilisés partout où leur action sera utile, et qu'ils échapperont sans difficulté au tir de l'artillerie ennemie.

Petites forteresses.

Nous avons vu que les petites forteresses ont pour objet de maîtriser une communication importante ou un nœud de communications. On comprend sous cette dénomination de petites forteresses:

1° Les forts isolés qui n'ont de relation avec aucun autre ouvrage de fortification permanente;

2° Les forts de liaison, placés à une distance les uns des autres, égale à peu près au double de la portée du canon, et destinés à relier deux grandes forteresses.

3° Les forts d'occupation, situés en avant de la ligne principale de défense d'une grande forteresse;

4° Les petites Villes fortifiées à simple enceinte, que l'on a conservées parce qu'elles existaient, pour leur faire jouer le rôle de forts d'arrêt.

Les ouvrages des 3 premières catégories sont des forteresses sans population civile. Il nous suffira d'étudier l'organisation des forts isolés, avec lesquels les forts de liaison et d'occupation ont la plus grande analogie. La différence, quand il y en aura, portera sur les flancs ou la gorge auxquels on pourra donner un peu moins de force, lorsque les ouvrages voisins seront assez rapprochés pour leur donner une certaine protection.

Choix des positions. Le but d'un fort isolé est d'interdire une route, un pont, une voie ferrée, etc, etc.... On choisira comme emplacement de l'ouvrage une position qui voie d'enfilade et non de travers la communication à battre. Cette position sera aussi basse que possible afin de donner des feux rasants, et pour que les nuages ne puissent pas se placer au-dessous du fort et lui cacher les communications qu'il doit surveiller.

D'un autre côté, il faut que la position ne soit pas dominée par les hauteurs voisines, car le fort doit pouvoir résister aux attaques de l'assaillant, ce qui lui serait impossible si son intérieur était vu des positions ennemies. Afin de résister aux attaques le fort devra en outre bien voir les abords sur une assez grande étendue.

Mode d'occupation

On cherchera toujours à occuper la position par un fort unique, à cause de la difficulté d'assurer la liaison entre le fort et ses annexes. Ce ne sera pas toujours possible, soit parce que, d'un seul point on ne pourra pas voir toutes les directions à battre, soit parce qu'un seul ouvrage ne pourra pas voir tous les abords de la position. On sera alors obligé de compléter l'action du fort par des ouvrages annexes placés sous sa protection directe.

Bases de l'organisation.

Les forts isolés peuvent être entourés et attaqués de tous les côtés. Ils devront être organisés solidement sur tout leur pourtour pour résister aux attaques. Les locaux, les communications et les terre-pleins devront être abrités dans toutes les directions contre le tir de l'Artillerie ennemie

Ces ouvrages ne peuvent plus tirer aucune ressource de l'extérieur, dès que le siège en est commencé. Ils devront renfermer dès le temps de paix tous leurs approvisionnements, tout leur matériel et toute leur garnison; surtout près de la frontière, où l'ennemi pourra toujours rassembler les quelques troupes nécessaires pour les investir dès les premiers jours de la mobilisation.

C'est uniquement pour interdire une ou plusieurs voies de communication que les forts d'arrêt sont construits. Ils devront donc jouer ce rôle d'interdiction tant qu'ils ne seront pas au pouvoir de l'ennemi; et les canons chargés de ce rôle devront pouvoir tirer jusqu'au dernier moment.

Il faut que ces ouvrages puissent se défendre contre les diverses attaques dont ils seront l'objet.

Attaques brusquées. Contre les attaques de vive force ou par surprise, le fort résistera par sa position et le tracé de ses crêtes, qui lui permettront de voir tous ses abords, et par un profil très-fort et bien flanqué. La valeur de l'obstacle matériel sera renforcé au moyen de défenses accessoires, placées sur le glacis et sur le terrain en avant.

Bombardement. Les effets du bombardement sont très-à-craindre, car ils causent des pertes impossibles à réparer. On devra, pour s'en garantir, avoir des abris à l'épreuve pour la garnison, le matériel et les approvisionnements. Ces abris seront reliés entr'eux et avec les autres parties du fort par des communications abritées.

Attaque régulière. Quand l'assaillant sera obligé de recourir à une attaque régulière, il commencera par engager la lutte d'artillerie à distance pour éteindre le canon de la défense. Puis il rapprochera successivement ses batteries pour défoncer les abris et détruire l'obstacle. Les troupes s'avanceront vers la Place, en utilisant tous les couverts naturels, et en les reliant au besoin par des tranchées.

Lorsque le moral du défenseur sera suffisamment affaibli, et qu'une brèche praticable aura été faite; une dernière place d'armes, aussi rapprochée que possible, sera établie, soit derrière un couvert naturel, soit au moyen d'une tranchée. Elle servira de point de rassemblement pour les troupes, qui, de là s'élanceront à l'assaut.

Défense.

La défense devra, en conséquence, être armée d'une artillerie en état de lutter contre celle de l'assaillant. Elle devra battre toutes les positions sur lesquelles peuvent être installées les batteries de l'attaque. Mais ici, on ne peut pas songer à mettre l'Artillerie en dehors du fort; elle n'y serait pas en sureté. On est obligé de la placer tout entière dans l'intérieur de l'ouvrage, où elle sera exposée au tir convergent des batteries ennemies. Il faudra donc lui donner une organisation spéciale, pour parer aux inconvénients de cette concentration.

La garnison est très peu nombreuse: et on ne peut pas songer à faire de la défense extétérieure. Le rôle de l'infanterie ne commence qu'au dernier moment, quand l'ennemi se rapproche du fort.

Dans de pareils ouvrages, les hommes se sentent isolés. Ils ont conscience de leur faiblesse, et ils se laissent aller plus facilement au découragement.

Le Gouverneur devra, par tous les moyens soutenir leur moral. Tant que l'assaillant ne sera pas trop rapproché de la Place, il en fera explorer les environs par des patrouilles fréquentes. Celles-ci ne devront pas trop s'éloigner afin de ne pas se faire enlever par l'ennemi. Ce service de surveillance aura l'avantage d'entretenir le moral des hommes

Armement.

L'armement, considéré au point de vue de son action, se divise en 3 catégories:

1°. Armement d'interdiction;

2°. Canons pour la lutte éloignée;

3°. Canons pour la défense rapprochée.

Armement d'interdiction.

L'armement d'interdiction est chargé d'empêcher l'ennemi de se servir des voies de communication, dont le fort a la garde. Nous avons vu qu'il devait être en état d'être utilisé jusqu'à la dernière extrémité. On lui donnera donc le maximum de protection contre le tir de l'ennemi.

Les pièces seront à vues directes quand elles devront tirer sur des buts mobiles, comme des troupes passant sur une route, ou un train de chemin de fer. Elles seront à tir indirect quand elles auront pour objectif un point fixe, comme un pont, le débouché d'un tunnel, etc, etc...

Ces bouches à feu n'ont pas à effet de destruction à produire. Il sera inutile d'employer les grosses pièces de 155. Il suffira, suivant la distance, d'adopter le 120 ou le 95, qui ont l'avantage de donner, à poids égal de poudre et de fonte, un nombre de projectiles beaucoup plus grand, et qui permettent un tir plus rapide.

Lutte éloignée.

Les canons, destinés à soutenir la lutte éloignée, sont exposés au tir convergent de l'artillerie ennemie. Il faudra les disséminer autant que possible en les plaçant derrière les parapets du fort. Mais on n'apportera ainsi qu'une légère atténuation à l'inconvénient signalé. Nous verrons, tout-à-l'heure, comment on donne à ces pièces la protection nécessaire.

Il faut d'ailleurs que chacune d'elles soit installée de façon à pouvoir tirer sur le plus grand nombre possible d'emplacements de batteries ennemies. On pourra ainsi, dès que l'ennemi démasque une batterie, faire converger sur elle le tir de presque toutes les pièces du fort. Les canons d'interdiction pourront concourir à ce tir, mais à la condition qu'on ne sera pas obligé de les changer de place, et qu'une simple modification du pointage suffira pour leur permettre de tirer sur la voie de communication qui est leur véritable objectif.

Habituellement l'ennemi n'amènera contre les forts isolés que de l'artillerie de campagne, ou des pièces relativement légères. Les canons de 120 suffisent le plus souvent pour lui répondre. Ces forts seront rarement armés de pièces de 155, dont le tir est lent à cause du grand poids du canon et des projectiles, et dont les munitions très-volumineuses nécessitent de grands magasins.

Défense rapprochée.

Les canons pour la défense rapprochée comprennent les pièces légères placées derrière le parapet pour tirer à mitraille sur les colonnes d'assaut, et les pièces affectées au flanquement des fossés.

Effectif de la garnison.

L'effectif de la garnison dépend de l'armement du fort. On admet qu'en moyenne il y a 10 fantassins et 5 canonniers par pièce. Le nombre obtenu, en partant de cette base, est arrondi pour l'infanterie à un nombre entier de 1/2 compagnies.

Les considérations qui précèdent s'appliquent à l'organisation antérieure à 1885 aussi bien qu'à celle qu'il convient d'adopter actuellement contre les obus-torpilles. Nous allons examiner successivement ces deux organisations. Nous nous occuperons ensuite des transformations à faire subir à la première pour la mettre en état de résister à l'artillerie actuelle.

Organisation des forts isolés de 1874 à 1885.

La nécessité d'avoir de l'artillerie sur tout le pourtour de l'ouvrage et de la paradosser a naturellement conduit à adopter, pour les forts isolés, le type « à massif central et à batterie basse ». Chaque canon placé sur l'enceinte basse est ainsi protégé à droite et à gauche par deux traverses et en arrière par le massif central. De distance en distance les traverses sont prolongées en arrière et viennent se souder avec le massif central, afin de bien protéger les communications de l'enceinte basse.

L'armement d'interdiction qui doit résister jusqu'au dernier moment est placé, au moins en partie, sous des coupoles ou des casemates cuirassées. Les coupoles sont employées quand les pièces doivent avoir un grand champ de tir. On les place au sommet du massif central, où elles peuvent tirer sur tout le tour d'horizon. Les pièces sont abritées sous des casemates cuirassées quand elles ne doivent avoir qu'un faible champ de tir. On les place alors sur l'enceinte basse.

Tracé. Les crêtes ont été tracées d'après les directions à battre par l'artillerie et le nombre des pièces devant tirer dans chaque direction. La défense rapprochée a été ainsi sacrifiée comme du reste elle l'a été aussi dans les forts détachés du même type.

Crêtes d'Infanterie. Les seules crêtes réservées à l'Infanterie sont celles du massif central, et quelques crêtes secondaires, que l'on a pu créer dans ces forts, comme nous allons le voir. En outre, au moment du besoin, on préparera pour la fusillade, les emplacements des canons détruits qui ne doivent pas être remplacés.

Obstacle. L'obstacle est constitué par un fossé avec escarpe et contrescarpe revêtues. Ces forts sont le plus souvent construits sur le roc, de sorte que les deux parois du fossé sont entaillées dans le roc et revêtues d'un simple placage en maçonnerie

Le sommet de la contrescarpe a été surmonté d'une grille en fer de 2m. 50 pour empêcher le lancement des ponts volants.

Fossés. Le tracé des crêtes donnait souvent un polygone d'un grand nombre de côtés. On a généralement donné aux fossés un tracé différent, de façon à avoir peu de directions à flanquer et par conséquent à ne construire qu'un petit nombre de caponnières. On tâche toujours de faire ficher la direction des fossés non sur les positions dangereuses mais sur les parties du terrain extérieur inabordables par l'ennemi, ou tout au moins placées très-bas au-dessous de l'ouvrage.

Crêtes secondaires. L'indépendance entre le tracé du fossé et celui du parapet a permis, dans la plupart des forts, de créer des crêtes secondaires qui améliorent leur situation au point de vue de la défense rapprochée.

Forme générale Bien que le fort doive avoir une résistance à peu près la même sur tout son pourtour, on appelle front de tête, la face exposée aux attaques les plus probables. Le front de gorge est la face opposée, dans laquelle se trouve l'entrée.

La forme générale est très-variable et dépend du terrain. Si l'artillerie doit tirer dans toutes les directions, les crêtes sont disposées le long d'un octogone à peu près régulier et les fossés affectent la forme d'un carré avec 2 caponnières doubles placées aux 2 extrémités d'une même diagonale.

Lorsque, au contraire, l'artillerie ne doit tirer que dans deux directions faisant entr'elles un petit angle, on pourra donner au fort une forme allongée et plate plus favorable à la lutte d'Artillerie. Ce cas se présentera lorsque, en dehors des deux directions considérées, toutes les autres directions aboutiront à des terrains sur lesquels l'assaillant ne peut pas s'installer, ou qu'il ne peut pas aborder.

Locaux. Toute la garnison, le matériel et les approvisionnements nécessaires pour toute la durée du siège doivent être logés dans des locaux à l'épreuve, placés généralement sous le massif central. Ces locaux doivent être invulnérables de tous les côtés. On les a généralement placés de façon que leurs façades soient vis-à-vis l'une de l'autre, des deux côtés d'une cour étroite. Le massif de terre qui surmonte l'une de ces constructions protège ainsi

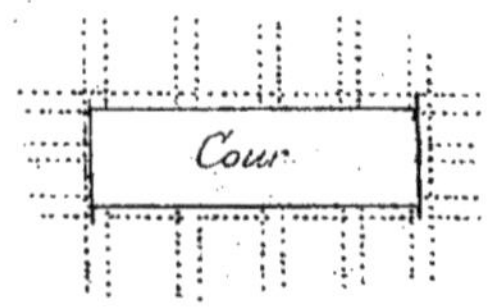

la façade de l'autre, et réciproquement.

Communications. Tous les locaux sont reliés entr'eux par des communications couvertes. Les terre-pleins de l'enceinte basse sont défilés au moyen de nombreuses traverses enracinées. L'entrée du fort a lieu généralement au niveau du fond du fossé, ou à une faible hauteur, afin d'être bien défilée.

Dehors. Les dehors ont ici un peu plus d'importance que dans les forts détachés, à cause de la nécessité de surveiller les abords. A cet effet, les forts isolés sont souvent entourés d'un chemin couvert, avec quelques places d'armes. L'une d'elles forme le ravelin destiné à protéger l'entrée.

Quelquefois la crête du chemin couvert s'éloigne à une certaine distance de la contrescarpe, et forme une place d'armes avancée qui sert à battre des plis de terrain ou des pentes raides, que ne voit pas le fort.

(Fig. 72) Dans quelques forts le ravelin d'entrée est armé d'un certain nombre de pièces d'artillerie, complétant l'action des flancs du fort. C'est alors une véritable batterie annexe.

Les forts isolés sont reliés au reste du territoire par des communications télégraphiques et optiques. Quelques uns peuvent également communiquer au moyen de pigeons voyageurs, comme par exemple le fort de Manonviller qui est ainsi relié avec la Place de Toul.

Des appareils d'éclairage électrique doivent au moment de la mobilisation être envoyés dans les forts d'arrêt les plus importants pour assurer, pendant la nuit, la surveillance des communications à garder.

Places à simple enceinte.

Après 1870 la France possédait un grand nombre de villes fortifiées à simple enceinte, qui n'avaient pas assez d'importance pour justifier la construction d'une ceinture de forts détachés. Elles n'étaient pas en état de résister à une attaque entreprise avec du matériel de siège.

On pouvait cependant leur demander les services qu'avaient rendus un grand nombre de places françaises pendant la guerre franco-allemande : Servir de points d'appui à des armées opérant dans le voisinage et faciliter leurs mouvements en leur permettant de traverser les cours d'eau sur lesquels étaient construites ces Places.

Celles-ci étaient du reste en état de résister à un bombardement entrepris avec de l'artillerie de campagne. L'ennemi était donc obligé de faire un sérieux effort pour s'en emparer.

Ces petites forteresses ont été en conséquence conservées telles quelles. On a en outre apporté de sérieuses améliorations aux 3 places à simple enceinte de Longwy, de Montmédy et du Quesnoy, qui avaient un rôle plus important à jouer. On y a amélioré l'obstacle, renforcé et assaini les abris-logements et les abris-magasins, et construit des traverses-abris sur le rempart.

Défense extérieure.

Ces places ont une enceinte beaucoup plus grande que celle des forts isolés. Elles exigent pour leur défense une garnison plus importante. On pourra, grâce à cet effectif, faire un peu de défense extérieure.

Sans doute, les positions avancées de la défense ne seront pas aussi loin que dans les grandes forteresses. Il sera possible cependant de défendre quelques positions extérieures peu éloignées, placées sous la protection des canons de la Place. On retardera ainsi la chûte de la forteresse.

Situation des petites forteresses après 1885.

La situation des petites forteresses a complètement changé avec l'apparition des obus-torpilles. Les Allemands ont, à cette même époque, constitué des parcs légers de siège avec des canons courts de 12, 15 et 21c. Chacun de ces canons est installé sur sa plate-forme, montée sur roues, et a par conséquent une grande mobilité.

Il en résulte que ces parcs légers peuvent être transportés devant les Places avec une rapidité presque aussi grande que l'artillerie de campagne. Les places de la frontière, en particulier, peuvent être assaillies par ces canons dès les premiers jours de la mobilisation.

Places à simple enceinte.

En ce qui concerne les Places à simple enceinte, l'ennemi, sans faire un grand effort, amènera devant elles quelques pièces d'un parc léger de siège. Il pourra ainsi bombarder la ville avec des obus à grande capacité chargés de fulmi-coton et la ruiner complètement en très-peu temps.

Si la ville a une certaine densité de population et contient quelques ressources, ce sera là un lourd sacrifice. Il faut y ajouter la perte de l'armement et surtout celle de la garnison, qui sera soustraite des armées opérant contre l'ennemi.

Ces sacrifices ne sont pas compensés par la conservation de points stratégiques d'importance secondaire, conservation qui, ainsi que nous venons de le voir, sera de courte durée si l'ennemi a un intérêt réel à s'en emparer.

Ces considérations ont amené le déclassement d'un grand nombre de places fortes, qui a été prononcé par la loi du 27 Mai 1889.

A la suite de ce déclassement, il ne restera dans le Nord de la France que les places à simple enceinte de Condé, de Péronne, du Quesnoy, de Montmédy et de Longwy. Ces places ont été conservées en raison de leur importance plus grande, et parce que le peu de densité de leur population rend le bombardement moins dangereux.

Forts.

Il nous reste à voir ce qu'il y a à faire des trois autres catégories de petites forteresses: forts isolés, forts de liaison et forts d'occupation. Aucun de ces ouvrages n'est en état de résister si on lui conserve l'organisation qui lui a été donnée avant 1885. Et cela, pour deux raisons principales:

1° Ses abris seraient, en très-peu de temps défoncés par les obus-torpilles.

2° Son artillerie, concentrée dans les forts, n'est pas en état de soutenir la lutte.

On peut remédier au premier inconvénient, sans faire des dépenses excessives, par la construction d'abris-cavernes ou d'abris bétonnés. Mais, pour mettre l'artillerie en état de résister aux batteries ennemies, il faut les protéger par des cuirassements. La dépense est alors tellement considérable que l'on ne se résoudra vraisemblablement à la faire que pour un très-petit nombre de forts d'une importance capitale.

Que faudra-t-il faire des autres forts que l'on renoncera à doter de l'artillerie sous cuirasses? La solution sera différente suivant qu'il s'agira de forts isolés, de liaison ou d'occupation.

Fort isolé.

Le fort isolé n'a de protection à attendre d'aucun autre ouvrage, ni d'aucune troupe autre que sa garnison. Il faut qu'à lui seul il interdise à l'ennemi les communications dont il a la garde, et qu'il résiste à ses attaques.

Ces communications ont une grande importance pour l'ennemi puisque l'on a construit un ouvrage pour les lui interdire. Il cherchera donc à s'en emparer et dirigera contre lui quelques pièces d'un parc léger de siège, qui le réduiront en très peu de temps

La chûte rapide de ce fort produira le plus fâcheux effet sur le moral du pays. Et, le résultat sera d'autant plus désastreux, que l'on aura sacrifié sans utilité la garnison du fort.

Admettons que, pour éviter ce sacrifice, on donne au Gouverneur des instructions écrites précises, lui ordonnant, dans des circonstances bien déterminées, d'évacuer le fort et de le faire sauter. Remarquons d'abord qu'il est impossible de déterminer d'une façon bien nette tous les cas qui peuvent se présenter à la guerre. Dans les cas douteux, le Gouverneur, soucieux avec raison de conserver sa forteresse le plus longtemps possible, pourra fort bien ne pas saisir le moment opportun de l'évacuation et se laisser enfermer dans le fort.

Destruction du fort. Supposons cependant qu'il ait le coup d'oeil voulu pour se retirer à temps. Il devra faire sauter le fort; et c'est là une opération bien difficile.

Il ne suffit pas, en effet, de placer une charge de poudre au centre du fort et d'y mettre le feu. Quel que soit le poids de la charge, on n'obtiendrait ainsi que la destruction d'une partie du fort. Et les autres parties, intactes ou peu endommagées, pourraient encore servir à l'ennemi.

Pour détruire suffisamment tout le fort, il faut placer des fourneaux de mines sous ses diverses parties, et il faut que tous ces fourneaux partent simultanément, afin que l'explosion de l'un ne coupe pas les fils conducteurs, qui doivent mettre le feu aux autres. Cette obligation de la simultanéité de toutes les explosions entraîne une assez grande complication dans la disposition des fils conducteurs.

Pour être certain d'être prêt au moment voulu, on devra à l'avance charger tous les fourneaux et disposer tous leurs fils conducteurs. Tant que la garnison occupera le fort, elle se trouvera donc sur un grand nombre de fourneaux de mines, dont l'explosion peut être produite par un accident ou par un projectile heureux de l'ennemi.

Ces projectiles peuvent d'ailleurs couper les fils conducteurs, ce qui empêchera les fourneaux de fonctionner quand on voudra y mettre le feu.

On ne sera donc pas certain de faire sauter le fort au moment voulu, et cette opération, préparée à l'avance, sera un sérieux danger pour la garnison.

Puisque, d'un autre côté, ces forts isolés, dans leur état actuel, ne sont susceptibles de rendre aucun service, il faut raser complètement, dès le temps de paix, ceux qui l'on ne se décidera pas à améliorer

Forts de liaison.

La situation est différente pour les forts de liaison. Ils sont entr'eux à une distance inférieure au double de la portée du canon; ils constituent une ligne reliant deux grandes forteresses. Toutes les voies de communication qui traversent cette ligne sont battues par les forts, de sorte que l'ennemi ne peut la traverser qu'en s'emparant de l'un de ces ouvrages.

Nous avons un exemple d'une pareille organisation dans les monts de Meuse. Sur cette colline se trouve une ligne de forts de liaison distants entr'eux de 5 à 10 Kilomètres et reliant la Place de Verdun à celle de Toul.

Dès le début de la guerre, une certaine quantité de troupes, appelées troupes de couverture, sont placées à la frontière, en avant des forts de liaison. Elles ont pour mission de surveiller les mouvements de l'ennemi, et de l'empêcher de venir troubler notre concentration.

Si l'ennemi, supérieur en forces, refoule nos troupes de couverture, celles-ci se retireront sur la ligne des forts de liaison, qui, grâce à leur présence, pourra être défendue comme la ligne principale de défense d'une grande forteresse. Les forts devront être munis d'abris à l'épreuve. L'artillerie, retirée des forts, sera placée entre ceux-ci et des ouvrages de campagne, dont les flancs seront munis de canons légers pour flanquer la ligne des batteries. On aura ainsi une ligne de défense qui permettra aux troupes de couverture d'arrêter l'ennemi pendant longtemps, sans qu'il soit nécessaire de la doter de pièces cuirassées.

La concentration de l'armée pourra donc se faire en arrière de la ligne des forts de liaison, qui auront ainsi rendu le principal service pour lequel ils ont été construits. Il suffit pour obtenir ce résultat que les forts soient munis d'abris à l'épreuve; mais il n'est pas nécessaire que l'artillerie en soit cuirassée.

Lorsque les armées seront constituées, les troupes de couverture seront avec elles. Les forts de liaison ne seront plus défendus que par leur propre garnison, si les armées vont opérer ailleurs. L'artillerie ne serait plus protégée si on la laissait au dehors. On devra la rentrer dans l'intérieur des ouvrages, qui ne seront plus alors que des forts isolés. Ils seront par conséquent hors d'état de résister si on n'a pas placé leurs pièces sous des cuirassements. Mais, comme nous l'avons dit, ils auront à ce moment rempli leur principal rôle.

Forts d'occupation. Les forts d'occupation quand ils ne sont pas trop éloignés de la ligne principale de défense d'une grande forteresse, peuvent également résister, grâce à l'appui des troupes de secteur et de la réserve générale. Il suffit que les abris soient à l'épreuve, sans que les canons soient placés sous cuirasses.

On peut, dans ce cas, considérer le fort d'occupation comme un centre de résistance de la position avancée de la défense. Il ne sera armé que des canons légers nécessaires pour sa propre défense.

On peut encore considérer le fort comme une avancée de la ligne principale de défense. Sa grosse artillerie sera placée en dehors, à droite et à gauche, et appuyée à des ouvrages intermédiaires qui la relieront à la ligne des forts en arrière.

Mais, lorsque sa distance à la Place est trop grande, c'est un vrai fort isolé qu'il faut traiter comme tel.

Organisation nouvelle à adopter pour les forts isolés.

Lorsque l'on aura à l'avenir un fort isolé à créer de toutes pièces, on choisira son emplacement, on fixera son artillerie, sa garnison et ses approvisionnements, comme nous l'avons déjà indiqué. Les crêtes seront tracées, les unes de façon à battre les approches du fort par des feux d'infanterie, et par quelques canons légers; les autres, perpendiculairement aux directions des passages à interdire et des positions ennemies à contrebattre.

Fossés.

Le polygone des crêtes étant ainsi déterminé, on tracera les fossés, comme dans l'organisation antérieure à 1885. On donnera au polygone des fossés le moins de côtés possible pour avoir un nombre restreint d'organes de flanquement. Ces organes seront des coffres de contrescarpe. Ils seront disposés de façon à ne pas pouvoir être atteints par l'enfilade des fossés, dont les directions devront en conséquence ne pas ficher sur les positions ennemies.

Obstacle.

L'obstacle sera constitué comme celui des fronts de tête des forts détachés

Armement.

Dans un pareil ouvrage, l'armement ne peut être que dans l'intérieur du fort. Il ne pourra donc lutter qu'à la condition d'être protégé par des cuirassements.

Les canons les plus importants, ceux qui sont chargés de l'interdiction des voies de communication seront tous cuirassés. Ceux qui ne doivent tirer que dans des directions rapprochées les unes des autres, seront sous des casemates cuirassées, placées dans le massif du parapet. Ceux qui ont besoin d'un grand champ de tir seront protégés par des tourelles à éclipse. Leur place sera soit aux saillants des parapets, soit sur la carapace centrale, dont nous allons parler tout-à-l'heure. Car c'est là qu'elles auront le champ de tir le plus étendu.

Quant aux pièces légères, chargées de la défense rapprochée, il conviendra de les protéger par des tourelles à éclipse, qui seront avantageusement placées aux saillants et noyées dans le massif du parapet.

Il y aurait lieu également de placer sous tourelles les canons destinés à la lutte d'Artillerie. Le plus souvent on reculera devant la dépense considérable qu'occasionnerait le nombre de tourelles nécessaires. On se contentera d'abriter un petit nombre de ces canons. Les autres devront alors être placés à l'air libre, sur des plates-formes, derrière le parapet, par dessus lequel ils tireront à tir indirect. Ces pièces, ainsi dissimulées, seront séparées une à une par des pare-éclats, ne dépassant pas la crête et ayant 5^{m} d'épaisseur à la partie supérieure.

Parapet.

Partout où le parapet ne sera pas occupé par l'artillerie, on l'aménagera pour l'infanterie. On le munira de 3 à 4 abris pour le piquet de surveillance et pour les munitions des pièces à ciel ouvert. Au-dessus de ces abris, le parapet sera bétonné; partout ailleurs il sera en terre.

Les parapets doivent voir parfaitement les communications à interdire et les abords du fort sur une assez grande étendue. Ces conditions ne pourront généralement être réalisées que si on donne à la crête un relief de 5 à 6^{m}. Ce relief est d'ailleurs nécessaire pour masquer aux vues de l'ennemi les communications à ciel ouvert, et les batteries dissimulées qui sont placées en arrière du parapet.

On aura ainsi un ouvrage, qui se détachera

nettement au-dessus du sol, au lieu des ouvrages dissimulés qui ont été adoptés pour la ligne principale de défense des grandes forteresses. On remédiera à cet inconvénient inévitable en donnant au parapet une épaisseur de 12 à 15^{m}, et en le constituant avec des terres de bonne qualité, ou mieux avec du sable si on peut s'en procurer facilement.

Abris.

Les logements et les magasins seront installés sous une grande carapace en béton de ciment, placée au centre du fort. Le tir de l'artillerie ennemie est à craindre dans toutes les directions, et les locaux ne pourront avoir de façade d'aucun côté. Ils seront fermés de tous les côtés et ne recevront ni air ni jour. Il faudra, par suite, les aérer à l'aide de ventilateurs et les éclairer à la lumière électrique.

A cet effet, une machine à vapeur sera installée sous la carapace. Elle actionnera les ventilateurs et les dynamos. Des abris seront préparés pour les approvisionnements de charbon et d'eau nécessaires. Cette installation des machines devra être isolée des magasins à poudre et aux munitions

La carapace en béton, placée au centre du fort, ne s'élèvera presque pas au-dessus des crêtes intérieures. Une rue militaire de 5 à 6^{m} de largeur, placée en arrière du rempart, circulera tout autour du massif central en béton, avec lequel elle sera raccordée par un talus à pente douce. Les canons placés à ciel ouvert derrière le parapet, auront ainsi moins à craindre des coups longs qui viendront frapper ce talus ou la surface du béton.

Communications. L'entrée du fort sera au niveau du fond du fossé. Elle se fera par la face la moins exposée, à laquelle on donnera le nom de gorge, par analogie avec les forts détachés. Elle sera bétonnée, et aboutira, d'une part dans les locaux situés sous la carapace en béton, d'autre part, dans la rue militaire qui longe la gorge. Cette rue, étant moins exposée, sera tenue un peu plus large de façon à former une petite cour pour les rassemblements. C'est dans cette cour que seront les débouchés des locaux souterrains du centre.

Des communications à l'épreuve relieront ces locaux aux coffres de contrescarpe et aux abris placés sur le rempart.

Télégraphie optique. Le fort sera relié par la télégraphie optique avec les autres forteresses du territoire qu'il pourra voir à bonne distance. Le poste, chargé de cette communication ne devra pas être en saillie sur le massif du fort. On ne le placera donc ni sur le parapet, ni sur la carapace centrale. On pourra le noyer sous le massif du parapet.

La gaîne, destinée à livrer passage aux rayons lumineux, débouchera sur le talus extérieur, où il sera facile de la dissimuler. On sera, dans ces conditions, obligé d'avoir un poste distinct pour chacune des Places avec lesquelles on aura à communiquer.

Fort profond.

Le massif central des locaux occupera une grande surface. On aura ainsi un fort très profond. Mais ce n'est pas ici un inconvénient. Du moment que le fort est vu nettement par les batteries ennemies, celles-ci y placeront à peu près tous leurs projectiles, que le fort soit profond ou plat. Dans les deux cas, les différents organes de celui-ci devront être entièrement à l'épreuve de ces projectiles, qu'ils ne pourront pas éviter.

Il sera souvent possible de donner deux étages aux locaux du massif central. On réalisera ainsi une grande économie par suite de la diminution de la superficie de la carapace. Il suffira, pour cela, de s'enfoncer de quelques mètres au-dessous du terrain naturel.

Dans ce cas, si le terrain n'est pas perméable, le sol des abris sera humide. On se débarrassera de cette humidité au moyen de quelques canaux de drainage conduisant les eaux dans le fossé.

Terrain rocheux.

Quand le fort sera bâti sur un terrain rocheux, l'obstacle se trouvera dans les meilleures conditions, comme nous l'avons déjà vu pour les forts détachés. On pourra en outre remplacer la carapace en béton par des abris-cavernes qui sont beaucoup moins coûteux. Toutefois les locaux seront alors plus humides, à moins que l'on ne puisse tenir le fond du fossé au dessous du sol des abris, auquel cas il sera possible d'enlever l'humidité des abris au moyen d'un drainage, aboutissant au fossé.

Conclusion.

L'organisation, que je viens de vous décrire, occasionnera des dépenses considérables, dont l'importance provient surtout de la nécessité de placer les pièces d'artillerie sous cuirasses. Les petites tourelles pour canons à tir rapide sont encore admissibles. Leur prix de revient n'est pas exorbitant, et il en faut un petit nombre. On peut également protéger par des cuirasses deux ou quatre canons d'interdiction.

Mais si on veut donner la même protection aux

bouches à feu destinées à la lutte d'artillerie, on arrivera à des dépenses, qui seront généralement hors de proportion avec l'utilité du fort. Qu'il me suffise de vous dire que la tourelle du système Galopin, adoptée en France, coûtera, mise en place, environ 800.000 francs ; et qu'elle ne contient que deux canons de 155 L. Soit 400.000 francs par canon abrité.

Aussi est-il probable que si on construit des forts isolés, le nombre en sera excessivement restreint.

Amélioration des forts isolés construits avant 1885.

Lorsqu'un fort isolé, construit avant 1885, devra être amélioré conformément aux bases adoptées pour la nouvelle organisation, on commencera par déterminer son nouvel armement ; et on en déduira sa garnison et les approvisionnements qu'il doit contenir. On pourra ainsi fixer la contenance de ses locaux à l'épreuve.

Fossés Il n'y aura pas lieu de changer les directions des fossés ni les saillants où doivent être placés les organes de flanquement. Ces deux éléments ont en effet été déterminés, dans l'ancienne organisation, de façon que les organes de flanquement ne puissent pas être atteints par les projectiles ennemis, enfilant les fossés dans leur longueur.

L'escarpe et la contrescarpe seront modifiées comme celles des fronts de tête des forts détachés. Les caponnières seront remplacées par des coffres de contrescarpe.

Parapets. Le parapet sera également modifié comme celui des fronts de tête des forts détachés. Mais on changera s'il est nécessaire les directions des anciennes crêtes de façon à faciliter la défense rapprochée, tout en permettant le tir des canons d'interdiction, et celui des pièces destinées à la lutte d'Artillerie.

Armement. Tous les canons seront installés comme nous l'avons indiqué pour les forts à construire à neuf, savoir : les canons d'interdiction sous casemates cuirassées ou sous coupoles ; les canons légers pour la défense rapprochée sous tourelles à éclipse. Les canons pour la lutte d'artillerie, partie sous tourelles à éclipse, partie à l'air libre, dissimulés derrière les parapets.

Locaux.

On recouvrira d'une grande carapace bétonnée les locaux placés sous l'ancien massif central et la cour sur laquelle ces locaux prenaient jour. Ces locaux, ainsi abrités, seront aérés et éclairés au moyen d'une machine à vapeur, placée avec ses accessoires sous le même massif.

Il peut se faire que tous les abris placés sous cette carapace ne donnent pas une capacité suffisante pour tous les besoins. Il faudrait alors construire en dehors, sous les glacis, des magasins à l'épreuve complémentaires, reliés avec le fort au moyen d'une communication couverte, à l'épreuve, passant sous le fond du fossé.

Communications.

L'entrée, les communications et les postes de télégraphie optique seront organisés comme dans les forts neufs.

Dans ces forts isolés, neufs ou améliorés les troupes seront dans de mauvaises conditions hygiéniques. Les casernes, quoique ventilées artificiellement n'en seront pas moins des logements peu salubres, surtout si les hommes y restent en permanence. Il sera nécessaire dans l'intérêt de la santé des hommes, de multiplier les patrouilles d'exploration et de surveillance autour du fort.

Dans le même but, on creusera, sur les côtés et en dehors du fort, des tranchées étroites et profondes, perpendiculaires à la direction moyenne du tir des batteries ennemies.

Pendant le bombardement, les troupes dont la présence ne sera pas nécessaire dans l'ouvrage, se tiendront le jour dans ces tranchées. Elles n'y auront rien à craindre du tir de l'ennemi, et elles y respireront un air moins vicié que dans leurs casernes.

L'amélioration des anciens forts isolés sera excessivement coûteuse, comme la construction des forts neufs, et cela pour le même motif : la nécessité de mettre les canons sous des cuirassements.

Il faut cependant faire une exception pour un certain nombre de forts, construits ou à construire en pays de montagne. On a ici un terrain rocheux, qui permet d'organiser très-solidement, et à moins de frais, l'obstacle et les abris à l'épreuve.

Par suite des formes du terrain et de la difficulté des communications laissées à l'ennemi, ces forts seront placés le plus souvent de façon à n'avoir à peu près rien à craindre de l'artillerie armement. Il ne sera pas alors nécessaire d'avoir beaucoup de pièces sous cuirasses; et le prix de revient du fort ne sera pas exagéré.

7e Leçon.

Fortification en pays de montagne.

En pays de montagne, les mouvements de troupes s'opèrent avec beaucoup plus de difficulté qu'en plaine ou en pays moyennement accidenté. Les voies de communication y sont rares; elles sont longues et difficiles à construire. Il y a donc intérêt à s'en réserver l'usage et à l'interdire à l'ennemi.

On peut d'ailleurs le faire sans grandes dépenses à cause du petit nombre de chemins à garder.

Les voies de communication se développent généralement au fond de vallées étroites, bordées de hauteurs très-élevées. Considérons l'une de ces voies et supposons qu'un fort d'arrêt ait été construit en A, pour en interdire l'usage à l'ennemi. Celui-ci, s'il veut passer sans s'emparer du fort, n'a que deux solutions à prendre:

1° Emprunter une route latérale existante,

A D C E

2° Construire une déviation.

La première solution n'est pas possible, si l'emplacement du fort d'arrêt est bien choisi. Il existe très peu de chemins en pays de montagne. Aussi trouve-t-on facilement, le long d'une route, des passages qui ne peuvent pas être tournés au moyen d'autres voies latérales. Ou du moins le nombre de ces derniers est très restreint et on pourra les garder par d'autres forts d'arrêt.

On ne pourra pas davantage, dans la limite de temps possible à la guerre, construire une déviation assez bonne pour remplacer la route et évitant le fort d'arrêt, si celui-ci a été bien placé. Il faut pour cela qu'à hauteur du passage choisi:

1° La vallée soit assez étroite pour être entièrement maîtrisée par le canon du fort.

2° Que les pentes des hauteurs soient assez raides pour que la construction d'un chemin y soit difficile.

3° Que l'on ne trouve pas deux vallons secondaires

débouchant dans la vallée, l'un au-dessus, l'autre au-dessous du fort, se rejoignant à la partie supérieure et permettant la construction facile d'une bonne route.

On trouvera sans difficulté des positions réalisant ces conditions.

Si l'ennemi s'engage dans la vallée, il devra donc s'emparer du fort d'arrêt pour forcer le passage. Il sera, à ce point de vue, dans une situation très désavantageuse. Il ne peut se développer que sur la largeur de la vallée. Il ne peut pas profiter de sa supériorité numérique pour envelopper la position, et son front n'est pas plus grand que celui de la défense qui barre la vallée. La défense se trouve donc très favorablement placée pour arrêter la marche d'une troupe qui a pris l'offensive.

Si l'assaillant veut réduire le fort, il n'aura pas d'autre ressource que de travailler à l'amélioration des sentiers qui montent sur les flancs de la montagne, de façon à les rendre praticables à ses voitures. Il pourra ainsi conduire son artillerie sur des positions qui commandent le fort, et arriver à entourer celui-ci. Il arrivera également à tourner le fort au moyen d'un chemin qui ne remplacera pas la route du fond de la vallée, mais qui n'en permettra pas moins de passer.

Ces travaux demandent beaucoup de temps et de peine, et le fort aura déjà rempli une partie de son rôle par le seul fait qu'il aura obligé l'ennemi à les faire.

Mais la défense ne doit pas rester inactive. L'ennemi est arrêté en A pendant un certain temps par le fort d'arrêt. Sa ligne d'opérations est la route AE par laquelle il fait venir tous ses approvisionnements.

E
C
A
B

Supposons qu'une voie latérale BC permette d'abouter en C sur les flancs ou sur les derrières de l'ennemi. Si la défense a en B quelques troupes disponibles, elle les portera en C où elle coupera les communications à l'ennemi. Celui-ci se trouvera alors dans une situation très-critique, arrêté en tête par le fort d'arrêt A, puis en queue par les troupes de la défense arrivées en C et ne pouvant pas s'échapper à droite ni à gauche à cause des hauteurs qui bordent la route AC. Aussi n'attendra-t-il pas que les troupes de la défense soient arrivées en C ; prévenu à temps par des éclaireurs il se retirera et lèvera le siège du fort A.

Défense tactique. Les troupes placées en A pour arrêter l'ennemi de front, lui barrent la route par leurs feux. Elles s'opposent au passage par un combat défensif. Elles font de la défensive tactique.

Offensive stratégique. Quant aux troupes disponibles placées en B, qui viennent prendre l'assaillant sur son flanc ou sur ses derrières, elles prennent l'offensive au moyen d'un mouvement stratégique, dont l'exécution demande souvent plusieurs jours, et qui s'opère loin des champs de bataille. On donne à ces troupes le nom de réserves stratégiques; et on dit qu'elles sont chargées de l'offensive stratégique.

On choisit comme point B un nœud de voies de communications permettant d'aboutir dans plusieurs vallées importantes. La même réserve stratégique peut ainsi protéger efficacement toutes ces vallées. Les voies de communications passant par le point B devront y être défendues par des forts d'arrêt, afin que l'ennemi ne puisse pas y pénétrer par un chemin, pendant que la réserve stratégique est allée faire une opération offensive par un autre chemin.

Ces forts d'arrêt font partie de l'ensemble des fortifications qui entourent le point B, qui renferment les réserves stratégiques et qui constituent une grande forteresse en pays de montagne.

Résumé.

La fortification en pays de montagne comprend donc 2 sortes de forteresses.

1°. Les forts d'arrêt, chargés d'arrêter de front un ennemi qui s'engage sur une route importante,

2°. Les grandes forteresses, renfermant les réserves stratégiques et leur servant de base d'opérations dans leurs mouvements offensifs.

Les forts de ces Places ne sont pas autre chose que les forts d'arrêt chargés de l'interdiction des chemins qui y aboutissent.

Albertville.

(fig. 73).

Les places d'Albertville et de Grenoble sont de grandes forteresses de pays de montagne. Albertville est placée au confluent de l'Isère, du Doron de Beaufort, de l'Arly et de la Chaise. La Ville n'est pas protégée par une enceinte. Au Nord le fort de Lestal commande les vallées de l'Arly et de la Chaise. La batterie de Lençon surveille le confluent du Doron de Beaufort et de l'Arly. Le fort de Villard-dessous et les batteries des Granges voient le confluent de l'Arly et de l'Isère, et cette dernière vallée en amont du confluent. Cet ensemble d'ouvrages est adossé, à l'Ouest, à la crête presque inabordable de l'Alpette qui est surveillée par deux blockhaus, chargés d'empêcher les tirailleurs ennemis d'y prendre position.

Le fort de Tamié a pour rôle d'empêcher l'ennemi, venant de Faverges, de tourner la place par la vallée du Nant de Tamié. La haute vallée de l'Isère est défendue par les batteries de Conflans et par le fort du Mont, situés dans le massif qui sépare la Haute-Isère de l'Arly.

Ainsi que vous le voyez, cet ensemble de fortifications ne ressemble aucunement à la ceinture de forts détachés qui, dans les pays de plaine entoure les grandes forteresses. Il en est de même dans les autres grandes forteresses des pays de montagne. Les forts qui doivent défendre les vallées, sont placés sur les seules positions convenables qu'offre le terrain. Et ils ont, le plus souvent, entr'eux et par rapport à la Place des positions très irrégulières.

Grenoble. (fig. 74).

La Place de Grenoble cependant est entourée d'une enceinte et d'une ceinture de forts détachés, placés d'une façon à peu près régulière. Ces forts détachés sont, comme dans les cas précédents, des forts d'arrêt chargés d'interdire les voies de communication qui passent par la forteresse. Le terrain a permis de les disposer à peu près régulièrement autour de la place.

Quelle que soit la disposition des forts détachés ces grandes forteresses présentent de notables différences avec celles qui sont établies en pays moyennement accidenté, et dont nous avons étudié l'organisation dans les précédentes leçons. Ces différences sont relatives à l'action que l'assaillant peut exercer contre la Place, aussi bien qu'à la manière dont peut se conduire la défense.

Investissement. Les vallées qui aboutissent à la forteresse sont souvent séparées par des massifs montagneux infranchissables. C'est ainsi qu'à Grenoble, le massif de Belledone, complètement impénétrable, sépare la vallée de la Haute-Isère de celle de la Romanche. Au Sud, le massif de Taillefer sépare aussi complètement cette dernière vallée de celle du Drac.

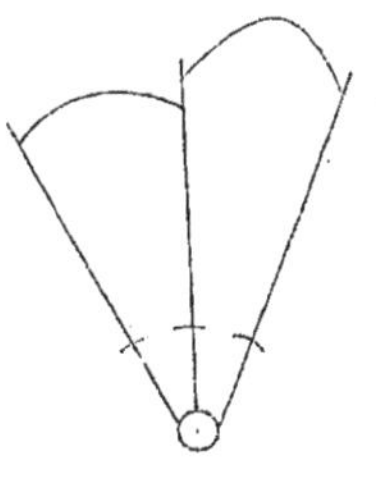

Dans ce cas, il devient très-difficile à l'ennemi de faire l'investissement de la forteresse. Les troupes de l'assaillant, qui barrent une vallée, n'ont aucun secours à attendre des troupes qui tiennent les vallées voisines, et auxquelles elles ne sont reliées que par des passages situés parfois très-loin en arrière. Les troupes assiégeantes seront ainsi divisées en un certain nombre de groupes, entièrement séparés, et hors d'état de se porter secours les uns aux autres.

La défense pourra donc facilement porter toutes ses forces sur l'un ou sur l'autre de ces groupes, et l'ennemi devra avoir, dans chacune de ces vallées, un effectif suffisant pour supporter tout l'effort des troupes disponibles de la défense.

L'investissement sera, par suite, sinon impossible du moins beaucoup plus difficile qu'en pays de plaine.

Défense.

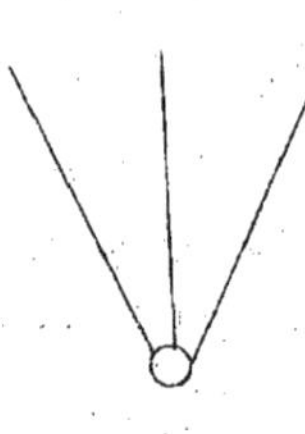

Dans ces vallées, indépendantes des vallées voisines, les troupes disponibles de la défense pourront s'éloigner à une grande distance de la Place. Elles ne peuvent pas être coupées de la Place qui leur sert de base d'opérations puisque les troupes assiégeantes des vallées voisines ne pourront pas traverser les massifs qui les séparent.

En résumé, l'action extérieure de la défense est favorisée doublement.

1° par les difficultés que rencontrera l'assiégeant

pour coordonner l'action de toutes ses troupes;

2° par les facilités que procure à la défense la sécurité de ses communications avec la Place.

Noyau central. Le noyau central devra toujours être mis à l'abri du bombardement, car il renferme des approvisionnements considérables et des casernements pour les réserves stratégiques, auxquelles il sert de base d'opérations. Les forts seront donc assez éloignés de la Place pour empêcher les batteries ennemies de l'atteindre avec leurs projectiles.

Forts. Il sera souvent impossible de les placer de façon qu'ils se prêtent un mutuel appui. Par suite des formes du terrain, les emplacements des forts seront parfois trop loin les uns des autres. D'autre fois l'un de ces ouvrages sera dans l'impossibilité de voir l'ouvrage voisin et ses abords, bien que leur distance ne soit pas grande.

Cet inconvénient n'est pas grave en pays de montagne, où la défense rapprochée est grandement facilitée par les obstacles naturels que forment les escarpements ou les pentes d'une très-grande hauteur.

Gorge. Dans les forts détachés de ces forteresses, la gorge n'est pas toujours tournée vers le noyau central. Le front de tête est tracé de façon à voir la vallée qu'il doit interdire; et il suffit que la gorge soit tournée vers une région inabordable par l'ennemi. C'est ainsi qu'à Albertville, les forts de Villard-dessous et de Lestal ont leurs gorges tournées vers la crête de l'Alpette, du côté opposé à la ville. Et il n'y a à cela aucun inconvénient, cette crête étant inaccessible à l'ennemi.

Les forts détachés que nous considérons n'ont souvent entr'eux aucune relation. Ils remplissent toujours un rôle d'interdiction par rapport à une ou plusieurs voies de communication. Ce sont de véritables forts isolés.

Nous allons donc étudier l'organisation des forts isolés en pays de montagne; et cette organisation s'appliquera à tous les forts, qu'ils fassent partie d'une grande forteresse, ou qu'ils soient entièrement indépendants.

Organisation d'un Fort en pays de montagne.

C'est par des considérations stratégiques que l'on détermine la région dans laquelle doit se trouver un fort. Souvent la position exacte du fort est déterminée par la nécessité de voir à la fois plusieurs vallées

Cette position devra d'ailleurs permettre l'organisation de la fortification dans les conditions que nous allons exposer.

Le fort doit remplir deux rôles distincts, l'un actif, l'autre passif.

1° Il doit interdire à l'ennemi l'usage des voies de communication dont il a la garde;

2° Pour être à même de remplir ce rôle actif le plus longtemps possible, il faut qu'il soit en état de résister aux attaques de l'ennemi.

Interdiction.

Le canon, chargé d'empêcher l'ennemi de faire usage des voies de communication, devra les voir d'enfilade et non de travers. Il ne devra avoir que peu d'élévation au-dessus des points à battre. Cette position basse procure de nombreux avantages.

1° La route est battue par des feux rasants qui sont plus efficaces contre les troupes que les feux fichants.

2° L'Artillerie ne peut pas tirer pratiquement avec une inclinaison au-dessous de l'horizontale plus grande que l'angle de 14° ou du 1/4. Il en résulte que tout point de la route, placé à une distance horizontale du fort plus petite que 4 fois leur différence de hauteur, ne pourra pas être atteint par le canon d'interdiction et sera en angle mort. Plus le canon sera élevé, et plus grande sera la zône soustraite à ses feux. Il y a donc intérêt à le tenir aussi bas que possible.

3° Les pays de montagne sont très-souvent parcourus par des nuages qui viennent se placer sur les flancs des hauteurs. Une position, ayant une certaine élévation au-dessus de la plaine, aura très-souvent les routes cachées à ses vues par l'interposition d'un nuage. Pendant ce temps le canon d'interdiction qui s'y trouverait ne pourrait pas tirer sur les colonnes de troupe parcourant ces routes. Si, au contraire, l'emplacement du canon est à peu près à même hauteur que la voie de communication, il se trouvera dans les mêmes conditions atmosphériques qu'elle, et il la verra généralement.

4° Enfin, lorsque les neiges de l'hiver fondront sur la route, le fort, s'il est à la même hauteur, en sera débarrassé en même temps. De sorte, qu'au moment où la route deviendra praticable à l'ennemi, le fort se trouvera lui-même dans de bonnes conditions pour exercer son action.

Protection.

D'un autre côté, les positions basses ont l'inconvénient d'être dominées par des replats situés sur le flanc de la montagne, et auxquels l'ennemi accède sans difficulté par les chemins ou sentiers existants en les améliorant au besoin. Ces replats sont d'excellentes positions de batteries qui gêneraient considérablement l'action du fort contenant l'armement d'interdiction et qui précipiteraient sa chûte.

Il est donc nécessaire de commander toutes ces positions de batteries. On ne peut pas le faire avec les canons de l'ouvrage d'interdiction qui est placé trop bas. On est donc obligé de construire un 2e ouvrage, très élevé, dominant toutes les positions de batteries de l'attaque, et protégeant ainsi l'ouvrage d'interdiction.

L'organisation d'une position comprend par suite un ouvrage d'interdiction et un ouvrage de protection.

L'ouvrage d'interdiction est tenu aussi bas que possible. Il suffit qu'il ne soit pas dominé à la distance de la portée du canon, par les positions de batteries placées sur le bord de la route à interdire.

Ouvrage de protection.

Quant à l'ouvrage de protection, on choisira son emplacement de façon à commander toutes les positions de batteries de l'attaque.

Il faudra donc rechercher qu'elles sont ces positions. Il ne suffit pas qu'une position par sa forme plate et peu inclinée, et par la nature du sol, permette l'établissement d'une batterie. Il faut encore que l'ennemi puisse y transporter les canons et les munitions. Il faudra donc que ces positions soient accessibles par des chemins en bon état ou susceptibles d'être améliorés.

On tiendra compte de ce que les munitions des grosses pièces sont très-lourdes. Leur approvisionnement exigera un transport journalier important, qui ne peut se faire que sur de très-bons chemins. Il en résulte que, plus une position sera élevée et éloignée de la route, moins sera puissante l'Artillerie dont elle sera armée. Et les positions les plus hautes ne contiendront guère que des canons de campagne et même de montagne.

L'ouvrage de protection, chargé de maîtriser tous ces emplacements de batterie sera à une altitude très-élevée. Ses vues seront souvent masquées par les nuages. Mais dans le cas actuel, c'est là un inconvénient de peu d'importance.

Le canon de cet ouvrage doit tirer, non sur des troupes en marche, mais sur des objectifs fixes, les emplacements de batteries. Il n'est donc pas nécessaire qu'il voie toujours le but sur lequel il tire. Dès qu'un emplacement de batterie lui sera signalé, il le repérera sur sa carte et il aura déjà avec une approximation suffisante sa direction, sa distance et son élévation. A la première éclaircie, il pourra rectifier son tir et en déterminer les données exactes qui lui permettront ensuite d'atteindre le but sans le voir.

Blockhaus de Surveillance.

L'ouvrage de protection doit dominer seulement les emplacements des batteries de l'attaque. Il ne sera généralement pas nécessaire de le placer sur la crête de la montagne, qui est à peine accessible à quelques piétons. Souvent on n'y trouverait pas d'emplacement permettant une organisation convenable du fort. Celui-ci serait trop éloigné de l'ouvrage d'interdiction et une partie des batteries de l'attaque échapperaient à son action.

Cette crête qui domine le fort de protection peut être un danger pour lui, surtout quand elle est accessible par le versant opposé. Des tirailleurs ennemis peuvent la gravir, y prendre position, et inquiéter par leurs coups de fusil l'intérieur du fort.

Ils peuvent même, dans certains cas, arriver en assez grand nombre, en se dissimulant, jusque près de l'ouvrage et essayer de le prendre par surprise.

Pour parer à ce danger, on établit sur la

crête des postes d'infanterie en maçonnerie, auxquels on donne le nom de blockhaus. Ces ouvrages n'ont à résister qu'aux feux d'infanterie. Ils peuvent cependant être armés de pièces légères de campagne ou de montagne. Ils surveillent la crête de la montagne. Ils servent de points d'appui aux patrouilles que le fort de protection envoie pour explorer le versant opposé.

Tel est le rôle des deux blockhaus qui, à Albertville, sont placés à l'extrémité Nord de la crête de l'Alpette.

Armement.

L'Artillerie d'une position d'arrêt comprend, en montagne, comme en pays moyennement accidenté :

1° L'armement d'interdiction ;

2° Les canons destinés à la lutte éloignée ;

3° Les canons destinés à la défense rapprochée.

L'armement d'interdiction sera placé dans l'ouvrage d'interdiction. Toutefois l'ouvrage de protection aura souvent des vues très efficaces sur les parties éloignées de la route surveillée. Quelques-uns de ses canons de gros ou de moyen calibre auront alors cette route pour objectif, en même temps qu'ils seront affectés à la lutte éloignée.

Tous les canons destinés à la lutte éloignée d'Artillerie seront placés dans l'ouvrage de protection. Le calibre de chacun d'eux sera déterminé d'après la distance de l'objectif qu'il doit battre.

L'armement destiné à la défense rapprochée sera réparti entre tous les ouvrages, chacun d'eux étant chargé de sa propre défense. Toutefois, dans un certain nombre de cas, l'ouvrage de protection aura des vues sur les abords de l'ouvrage d'interdiction. Il les battra alors, soit, par son canon si leur distance verticale est inférieure au quart de leur distance horizontale; soit, dans tous les cas, au moyen du fusil.

En résumé, l'occupation d'une position d'arrêt comprend donc: (dans le cas le plus général).

1 Ouvrage d'interdiction;
1 Ouvrage de protection;
et des Blockhaus.

Il se présente, dans la pratique, des cas où deux de ces ouvrages et quelquefois tous les trois sont confondus en un seul.

Les positions du Mont à Albertville, et de Chamousset nous offrent des exemples d'une organisation complète.

Le Mont. (fig. 73).

A Albertville, la vallée de l'Isère est battue par les batteries de Conflans qui sont l'ouvrage d'interdiction. Le fort de Mont placé à 700m au dessus est l'ouvrage de protection. Il contient également quelques canons d'interdiction qui battent à grande distance, le cours supérieur de l'Isère. Le Blockhaus de la Roche-pourrie surveille la crête de la montagne.

Chamousset.

A Chamousset, le fort d'Aiton garde la vallée de

(Fig. 75). l'Arc. Il est placé à 100^{m} au-dessus de cette vallée et renferme l'armement d'interdiction. Il est protégé par le fort du Mont-Perchet plus élevé que lui de 650^{m}. Ce fort bat en même temps à grande distance la partie supérieure de la vallée de l'Arc. Le blockhaus de Crépa, à 200^{m} au-dessus du fort, surveille tous les sentiers qui viennent de la partie supérieure de la montagne.

Entre le fort d'Aiton et celui du Mont-Perchet, la croupe de la montagne est occupée par une série de batteries qui voient chacune une portion de la vallée de l'Arc et qui complètent ainsi l'action de l'ouvrage d'interdiction.

Organisation des ouvrages.

Nous allons passer à l'étude de l'organisation des forts en pays de montagne. Et nous procéderons, comme nous l'avons fait jusqu'ici, en étudiant d'abord l'organisation antérieure à 1885; puis, celle qu'il convient d'adopter dans les forts de nouvelle création.

Avant 1885. Lorsqu'on avait à construire un fort sur un emplacement déterminé, la première chose à faire était de déterminer la longueur et la direction des crêtes nécessaires pour l'Artillerie et l'Infanterie. Ces crêtes étaient fixées d'après le nombre de pièces devant tirer dans chaque direction et d'après l'importance des feux d'infanterie à diriger sur chacune des approches du fort.

On disposait alors ces crêtes sur le terrain, en profitant de tous ses accidents de façon à avoir le moins de terrassements possible à faire. L'ensemble de ces crêtes présentait généralement une forme très-irrégulière. Tantôt c'était une série de batteries réunies par des crêtes d'infanterie.

D'autres fois, la crête d'infanterie se trouvait portée en avant et en contre-bas de la crête d'Artillerie. Mais cette disposition n'est admissible, surtout maintenant, que si la distance entre les deux crêtes est assez grande. Si cette distance était trop faible, les fantassins seraient atteints par les éclats en retour des projectiles éclatant derrière eux et sur le terrain qui les sépare de l'Artillerie.

Tantôt toutes les crêtes sont à la même hauteur, tantôt il y a des différences de niveau considérables, (fig. 76). allant jusqu'à 30m, entre la crête la plus élevée et la plus basse.

Quand le fort est établi sur un piton de peu d'étendue, il occupe un espace très-restreint, et on est très-gêné pour son organisation intérieure. Quelquefois il s'étale sur un terrain de grande étendue avec une succession de pentes et de replats, et quelques petits monticules. On a alors un fort très-vaste, dans lequel les batteries et les crêtes d'infanterie sont placées aux points les plus favorables, et où les monticules souvent plantés d'arbres servent à défiler les crêtes, les communications et les abris.

Dans chaque cas, le terrain seul sert de guide, et l'Ingénieur doit s'efforcer d'utiliser toutes ses particularités de façon à placer convenablement tous les organes du fort, en faisant le moins de terrassements possible.

Obstacle.

Le fossé est établi dans le roc. L'escarpe et la contrescarpe sont constituées par des placages en maçonnerie revêtant les parois rocheuses. Le flanquement est obtenu au moyen de caponnières avec ou sans visières suivant leur position et la direction des fossés.

Parfois, certains côtés du fort sont bordés par un escarpement. On ne peut plus creuser de fossé. L'obstacle est formé par l'escarpement lui-même, dont on a soin d'enlever toutes les aspérités afin d'en rendre l'escalade impossible. L'escarpement est alors surmonté d'un mur à bahut ou d'un mur percé de créneaux verticaux, qui surveillent toute la paroi verticale et ses abords.

Cette surveillance est plus efficace lorsque la crête de l'escarpement présente des brisures qui donnent des feux de flanquement.

Parfois, le pied de l'escarpement est flanqué par un coffre de flanquement, qui lui est adossé et qui peut contenir quelques soldats d'infanterie.

Parapets Lorsque les parapets d'infanterie ou d'artillerie doivent tirer de haut en bas avec l'inclinaison maximum, on donne à leur plongée la pente du 1/4.

Par suite des formes du terrain les crêtes ne peuvent pas toujours voir tous les abords du fort. Le fort et le terrain peuvent par exemple présenter la disposition de cette coupe. Voici le parapet, le fossé, le terrain d'abord peu incliné et vu par la crête du fort, puis présentant une pente accentuée. L'arête A cache aux vues du fort tout le terrain à gauche. On surveille ce terrain en avançant le chemin couvert jusqu'en A, ou bien si cette crête est un peu trop éloignée, on y établit une place d'armes, dans laquelle on peut ajouter un corps de garde voûté et à l'épreuve.

(Fig. 77).

Abris.

Les abris ont été placés aussi suivant les formes du terrain. Dans les forts étroits, établis sur des pitons, les abris sont groupés au même emplacement. Dans les forts occupant une grande surface, ils sont généralement très-divisés; on a profité de tous les emplacements favorables pour y établir des abris; ces emplacements ayant ordinairement peu d'étendue, chacun d'eux n'est occupé que par un abri de faible contenance, de sorte que le nombre en est assez grand.

La contenance des abris est calculée en admettant que le fort contiendra ses approvisionnements pour toute la durée du siège, même lorsque le fort fait partie d'une grande forteresse. Car ici la différence de hauteur entre le noyau central et le fort est très-grande; et le ravitaillement du fort en temps de siège occasionnerait un travail considérable qu'il est prudent d'éviter.

Communications.

Les communications sont organisées comme dans les autres forts. Mais ici on arrive parfois difficilement à obtenir des communications commodes. Lorsque la pente du terrain est très-forte entre deux parties de l'ouvrage, on est obligé de tracer des rampes en lacets dont les tournants sont très-incommodes. D'autres fois, on ne peut transporter le matériel qu'à l'aide de manœuvres de force.

Enfin, dans certains cas, la différence de hauteur entre deux parties du fort est tellement grande, qu'on établit deux entrées, l'une, pour la partie supérieure, l'autre, pour la partie basse : ces deux parties du fort ne pouvant communiquer entr'elles à l'intérieur, que par des chemins de piétons.

Toutes ces communications à l'air libre sont entièrement défilées des vues de l'extérieur.

Chemins d'accès

Le fort étant très-élevé au-dessus du noyau central, son chemin d'accès a nécessairement un grand développement. Pour en réduire le plus possible la longueur on a admis que la pente pourrait en être portée jusqu'au $\frac{1}{10}$.

Lorsqu'il existe des batteries basses entre le fort et le noyau central, ces batteries sont desservies par le chemin d'accès du fort que l'on doit tracer en conséquence.

Ce chemin doit être défilé des positions qu'occupera l'ennemi arrêté par le fort. Il suffit, généralement, pour obtenir ce défilement, de faire développer le chemin dans les gorges que l'on trouve toujours sur le flanc de la montagne. On profite aussi des bois que l'on y rencontre en grande quantité.

Blockhaus.

Les blockhaus, construits sur la crête d'une montagne, pour en interdire l'accès à l'ennemi, n'ont à craindre que les coups de fusil. Exceptionnellement quelques-uns pourront être atteints par quelques rares projectiles de canon de montagne.

Ils seront occupés par un poste d'infanterie, et quelquefois ils seront armés d'un ou deux canons de montagne ou de campagne.

Les communications avec ces ouvrages seront parfois difficiles. Ils devront être munis de tous les accessoires nécessaires pour que les hommes puissent y rester plusieurs semaines, sans avoir besoin de recourir aux ressources du fort. On y installera, en conséquence, des cuisines, des citernes, des dépôts de munitions et de vivres.

Lorsque le terrain le permettra, le blockhaus sera constitué par un seul bâtiment occupant toute la surface supérieure d'un piton isolé. Il sera, suivant les cas, à simple rez-de-chaussée ou à l'étage. Au début on ne donnait que 1^m,00 d'épaisseur aux murs. On a reconnu depuis que cette épaisseur était insuffisante; on l'a portée à 1^m,50 dans les parties exposées.

Lorsque l'on a à craindre quelques projectiles de canon de montagne, le plafond du rez-de-chaussée, dans les parties exposées, est formé d'une rangée de fers à T supportant une couche de béton de ciment de 1^m,00 d'épaisseur.

Les murs du bâtiment sont percés de créneaux de

pied et de créneaux horizontaux permettant de voir tous les abords. Lorsque ces murs ne se trouvent pas au sommet d'un escarpement, on les entoure souvent d'un petit fossé diamant, pour empêcher l'ennemi de venir emboucher les créneaux du rez-de-chaussée.

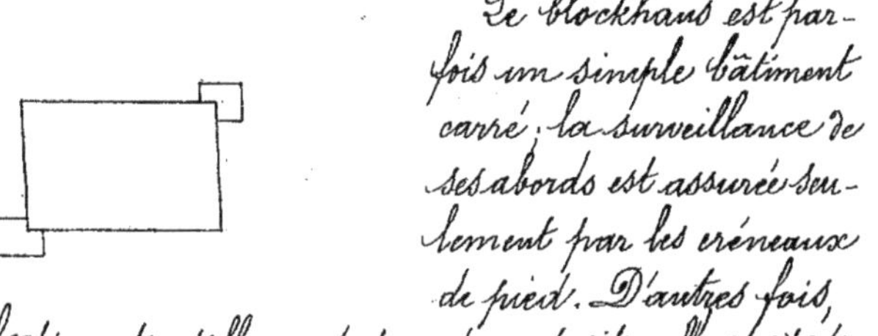

Le blockhaus est parfois un simple bâtiment carré; la surveillance de ses abords est assurée seulement par les créneaux de pied. D'autres fois, ce bâtiment est flanqué par deux petits coffres, situés aux extrémités d'une même diagonale.

Lorsque le piton à occuper par un blockhauss a une certaine étendue, on peut construire deux bâtiments, un à chacune des extrémités de la hauteur. Ces deux bâtiments sont réunis par un mur crénelé donnant des coups de fusil du côté par lequel peut venir l'ennemi.

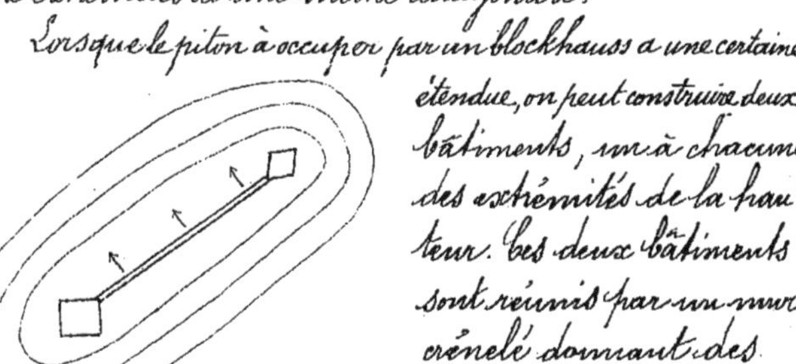

On peut aussi, quand le terrain s'y prête, construire un bâtiment renfermant tous les locaux nécessaires, et couronner le reste du plateau par un mur crénelé, dans lequel on ménage quelques flancs pour

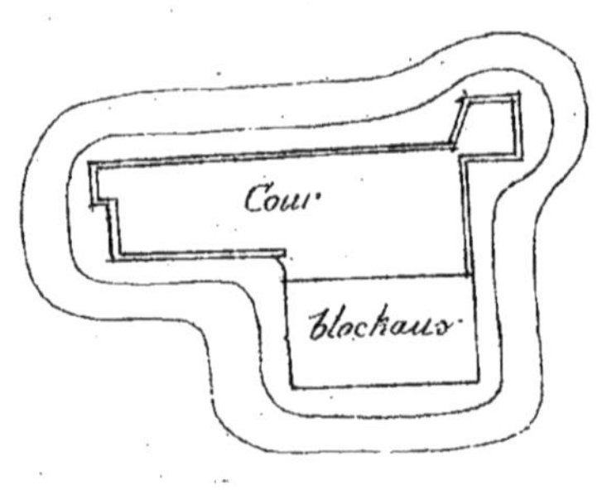

flanquer tout le pourtour de l'ouvrage. Les canons, quand il y en a, sont alors placés dans l'intérieur de la cour ainsi formée et tirant soit à barbette, soit par des embrasures.

L'entrée des blockhaus est, le plus souvent, munie d'un pont-levis placé sur le fossé diamant. Quelquefois la sécurité de l'entrée est obtenue au moyen d'un haha placé dans l'intérieur du passage d'entrée.

Amélioration des Forts construits avant 1885.

La situation des forts construits avant 1885 en pays de montagne a été modifiée par l'invention des obus-torpilles. Mais à ce point de vue tous les forts ne se trouvent pas dans les mêmes conditions. Quelques forts de protection sont placés à une telle hauteur qu'ils n'ont à craindre que l'artillerie de montagne ou de campagne. Ils sont encore en état de résister et leur amélioration ne présente aucun caractère d'urgence.

Un grand nombre d'ouvrages d'interdiction sont au contraire exposés aux coups des batteries de l'attaque pouvant être armées avec des canons de siège. Ils sont par conséquent hors d'état de résister; et leur transformation s'impose à bref délai.

Cette transformation s'exécutera comme celle des forts isolés en pays moyennement accidenté, avec les différences suivantes:

Il n'y aura généralement pas lieu de toucher à l'obstacle, constitué par un fossé creusé dans le roc.

En ce qui concerne les abris, on ne sera pas obligé de fermer de tous côtés la carapace de béton qui les protège. Ces forts ne peuvent pas être enveloppés de tous les côtés; il existe toujours au moins un côté par lequel l'ennemi ne peut pas les attaquer. On pourra faire déboucher les locaux de ce côté, et leur donner ainsi du jour et de l'air, dans les mêmes conditions que les locaux bétonnés des forts détachés, qui sont ouverts du côté de la gorge.

Armement d'interdiction.

L'armement d'interdiction devra être entièrement protégé. On emploiera à cet effet, soit des casemates à visière bétonnées, quand on n'aura besoin que d'un faible champ de tir; soit, des tourelles à éclipse lorsque les canons devront avoir un grand champ de tir horizontal.

On ne s'est pas encore occupé de la création de

nouvelles casemates cuirassées capables de résister aux nouveaux projectiles. Ces engins sont beaucoup moins coûteux que les tourelles. Ils seraient plus résistants que les casemates à visière bétonnées. Ils seraient d'une très-grande utilité et d'un emploi pratique pour tous les canons d'interdiction ayant un faible champ de tir.

Armement de protection.

En ce qui concerne l'armement de protection, on se trouve, en pays de montagne, dans des conditions tout-à-fait différentes qu'en pays moyennement accidenté. En plaine ou en pays moyennement accidenté, l'ennemi trouve tout autour du fort des approches faciles. Il peut arriver en grand nombre de tous les côtés. La défense, toujours très-inférieure en nombre ne peut résister qu'en restant dans l'intérieur du fort. Son artillerie ne peut pas rester à l'extérieur, sous peine d'être enlevée par l'ennemi.

En montagne, au contraire, les régions occupées par les forts de protection sont très-élevées ; elles ne sont accessibles que par de mauvais chemins, de sorte que l'ennemi ne peut y arriver qu'en nombre relativement restreint. Ces régions contiennent des pentes raides d'une grande hauteur, des escarpements et toutes sortes d'obstacles qui rendent difficile la marche de l'assaillant, en dehors des sentiers existants.

Une pareille région, pourvue de quelques ouvrages de fortification passagère bien placés, peut être défendue par un petit nombre d'hommes contre des troupes d'un effectif très-supérieur.

Dans ces conditions, il n'y a aucun inconvénient à placer l'artillerie en dehors du fort. Les canons de gros et de moyen calibre sont installés dans des batteries très-voisines et placées sous la protection immédiate du fort. Les pièces de 95 peuvent être éloignées jusqu'à 1000 mètres, et cet ensemble de batteries, dont le centre est le fort, est appuyé par ses deux ailes à deux ouvrages de campagne d'infanterie.

Une pareille organisation ne demandera pour sa défense, comme nous l'avons dit, qu'un effectif relativement très-faible de troupes. On ne les logera cependant pas dans des abris-cavernes, dont la construction exige toujours une grande dépense. On cherchera dans la région des parties de terrain, placées au pied d'escarpements ou de pentes raides, et entièrement abritées contre les éclats des projectiles ennemis. On y construira des baraquements, qui devront être élevés dès le temps de paix.

On pourra aussi les approvisionner de baraques démontables en bois, ou mieux en carton comprimé du système du commandant Espitallier. Une ou plusieurs de ces baraques seraient montées dès le temps de paix. Elles serviraient de magasins pour les éléments des autres baraques, dont le montage au moment du besoin demanderait peu de travail.

Quel que soit le système de baraquement employé,

on obtiendra ainsi à peu de frais, un logement entièrement abrité contre les projectiles ennemis.

Les bouches à feu, disséminées, comme nous l'avons dit, seront en état de résister à l'artillerie ennemie; et cela d'autant mieux que celle-ci leur sera toujours inférieure comme calibre.

Cette organisation, permettra d'éviter l'emploi des cuirassements qui augmente dans des proportions si considérables le prix de revient de la fortification. Elle rend possible l'amélioration des positions d'arrêt en montagne dans des conditions raisonnables de dépense.

Batteries.

Les batteries, placées en dehors du fort, seront généralement enterrées, le plus souvent elles seront entaillées dans le roc. Il serait d'ailleurs très difficile de construire un parapet en remblai, dans ces régions, où la terre, quand on la trouve, est à l'état de couche extrêmement mince.

Lorsque les ouvrages de campagne devront être construits au moment du besoin seulement, leur parapet pourra être en pierres sèches. La sécurité de l'ouvrage, qui n'a pas alors de fossé, devra être augmentée au moyen de défenses accessoires.

Mais, toutes les fois qu'on le pourra, il vaudra mieux construire dès le temps de paix ces ouvrages d'infanterie.

Positions défensives récemment créées.

A Briançon, à Toulon et à Nice, on a dans ces dernières années organisé des positions défensives d'après l'ordre d'idées que je viens de vous développer.

Briançon.

A l'Est de Briançon, la crête du Gondran est occupée par une ligne de batteries soutenues de distance en distance par des ouvrages d'infanterie. A l'extrémité Nord de cette ligne, la position du Mont Janus joue le rôle de fort de protection.

Le sol est constitué par des roches désagrégées que l'on peut fouiller comme la terre. Ces ouvrages sont construits en remblai, et les locaux sont en béton de ciment.

Toulon.

A Toulon, les forts du Mont Caoume et du Mont Gros Cerveau sont creusés dans le roc. Les batteries extérieures sont également taillées dans le roc. Quant aux logements, ils sont constitués par des baraquements placés sur les pentes de la montagne tournées vers le noyau central. Ils sont entièrement à l'abri des projectiles ennemis.

Les chemins d'accès se développent sur le même versant et sont complètement défilés.

Nice.

A Nice, le Mont Agel est occupé par un fort taillé dans le roc. Ce fort sert de réduit de la position. Il protège une ligne de batteries placées le long de la crête du plateau.

Sur la position de l'Aution on s'est contenté de construire des épaulements de batteries partout où avec du canon on a action sur les voies de communication. Ces batteries sont desservies par de bons chemins; et des baraquements sont construits à proximité, dans des endroits abrités.

Au moment du besoin on armerait ces batteries et les troupes logées dans les baraquements en assureraient la protection. La position est très forte par elle-même et cette organisation est suffisante pour nous en assurer la possession en temps de guerre, et pour en permettre la défense dans de bonnes conditions.

8e Leçon.

Forteresses maritimes.

Dans les forteresses que nous avons étudiées jusqu'ici, nous n'avons considéré que leurs relations avec les troupes opérant sur la terre ferme. Sur les côtes maritimes, la fortification doit en outre être envisagée à un autre point de vue, ses relations avec les flottes.

Opérations des flottes. Les vaisseaux ennemis peuvent en effet essayer de prendre un de nos grands ports, afin de s'emparer des ressources considérables qu'il contient et de l'utiliser, soit comme point d'appui et de ravitaillement pour eux-mêmes, soit comme base d'opérations pour une armée venant opérer sur notre territoire.

Ces vaisseaux peuvent encore profiter d'une des nombreuses plages qui se trouvent sur le littoral, et y jeter un petit corps de débarquement qui viendra dévaster le pays environnant et s'emparer de ses ressources.

Notre flotte doit s'opposer aux opérations de la flotte ennemie. Il faut qu'elle puisse trouver sur nos côtes des refuges assurés, si elle a été battue, et qu'elle puisse toujours venir s'y ravitailler.

Points à fortifier.

On a admis en conséquence que les grands ports et les estuaires des grands fleuves seraient fortifiés, afin d'en réserver l'usage à nos flottes et d'empêcher l'ennemi de les utiliser. On fortifie également les grandes plages, voisines des ports fortifiés, afin que l'ennemi ne puisse pas y débarquer les troupes chargées d'attaquer ces ports par la terre.

Défense mobile.

Quant aux nombreux mouillages et plages de débarquement qui se trouvent le long de la côte, les défenses mobiles de terre et de mer ont pour mission de les surveiller. Un réseau de communications sémaphoriques et télégraphiques permet de signaler l'ennemi dès qu'il se présente sur un point du littoral.

Les troupes de la défense mobile sont groupées en un certain nombre de centres le long de la côte. Dès que l'ennemi sera signalé sur un point, le centre le plus voisin enverra contre lui les troupes nécessaires. Grâce aux voies ferrées, ces troupes arriveront en temps utile, d'autant plus que l'opération du débarquement occupera l'ennemi pendant un temps assez long.

Les vaisseaux de guerre aideront le plus souvent les troupes de terre dans leurs opérations lorsqu'ils seront dans une région assez voisine pour arriver en temps opportun.

Navires.

Les navires contre lesquels les forteresses maritimes

auront à lutter sont :

1° Les cuirassés d'escadre ;

2° Les croiseurs ;

3° Les garde-côtes ;

4° Les canonnières ;

5° Les torpilleurs.

Cuirassés.

Les premiers cuirassés (comme la Gloire lancée en 1859) étaient protégés par une plaque de fer de 0^{m},12 d'épaisseur recouvrant toute la muraille depuis le bord supérieur du bastingage jusqu'à 1^{m},50 à 2^{m},00 au-dessous de la ligne de flottaison. Les canons de calibre relativement faible étaient placés en grand nombre sur tout le bateau. Le pont était en bois.

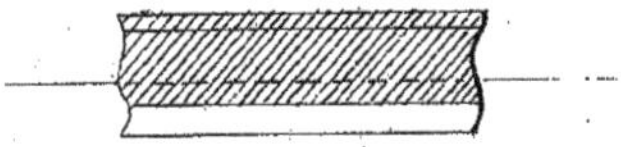

Afin de pouvoir percer la cuirasse à coups de canons, on augmenta peu à peu la puissance des bouches à feu. Et, à chaque progrès réalisé dans ce sens, on devait donner à la cuirasse une épaisseur plus forte. Bientôt cette épaisseur fut trop grande pour que le vaisseau ainsi alourdi eût une vitesse suffisante. On dût renoncer à recouvrir toute la muraille par une cuirasse.

On se contenta de la protéger sur une hauteur de 3^{m},50 environ partagée en deux parties égales par la ligne de flottaison. On cuirassa en même temps tout le centre du bateau depuis la ligne de flottaison jusqu'au bastingage. Cette dernière partie appelée « Fort » ou « Réduit » central contenait les œuvres vives du vaisseau : (machine, appareils à gouverner, soute aux munitions et canons de gros calibre). Le Redoutable, lancé en 1876, et la Dévastation en 1879 sont à réduit central. Leur cuirasse a 0m,38 d'épaisseur.

L'Artillerie réalisant de nouveaux progrès, il fallut augmenter encore l'épaisseur de la cuirasse autour de la ligne de flottaison et renoncer au réduit central. Dans l'Amiral Baudin, lancé en 1885, la cuirasse est en acier et a 0m,55 d'épaisseur. Les canons de gros calibre sont placés sur le pont, dans des tourelles barbettes, sortes de tours cylindriques cuirassées, par dessus lesquelles les canons tirent à barbette. Les monte-charges pour les munitions de ces canons sont également cuirassés.

Les œuvres vives du navire sont placées au niveau de la ligne de flottaison, et protégées par un pont métallique de 0m,09 d'épaisseur, reposant sur le bord supérieur de la cuirasse, qui entoure la ligne de flottaison.

Depuis, l'industrie est parvenue à produire de l'acier plus résistant. On a réduit à 0m,45 l'épaisseur de la cuirasse et à 0m,08 celle du pont métallique dans le Magenta, le Neptune, et le Marceau, lancés en 1888 - 1889.

Armement. L'armement des premiers cuirassés était composé d'un grand nombre de pièces de faible calibre (19 et 24 c/m). Puis, pour percer la cuirasse, dont l'épaisseur allait toujours en croissant, on a augmenté le calibre des pièces, ce qui obligeait à en diminuer le nombre. On est ainsi arrivé aux pièces de 42 c/m. Un cuirassé n'en portait que deux.

On a depuis, renoncé à ces calibres excessifs. On admet qu'un cuirassé d'escadre est armé de 4 canons de 34 c/m et d'un grand nombre de pièces de petit calibre (Canons de 10 à 14 c/m et canons révolvers Hotchkiss, tirant à mitraille sur les ponts et sur les hunes des bateaux et sur les batteries de côtes.)

Quelques canons révolvers sont placés sur les hunes supportées par les mâts, et protégées contre la mitraille par des masques métalliques On donne à cet ensemble le nom de « Mâts militaires.

La longueur des cuirassés varie de 75 à 102m; leur largeur de 18 à 21m, leur vitesse de 14 à 18 nœuds. (Un nœud correspond à un mille marin, ou une minute du méridien, ou 1852m parcourus à l'heure.)

Etranger. A l'étranger, on a pendant un certain temps renoncé à la cuirasse qui ne peut résister ni à la torpille, ni à l'éperon. On protège la ligne de flottaison au moyen d'une enveloppe intérieure de cellulose ou de liège. Le pont est blindé, et l'intérieur du bateau est réparti en un grand nombre de compartiments, séparés par des cloisons étanches, de sorte que l'un de ces compartiments peut se remplir d'eau sans faire couler le bateau.

On admettait que le liège ou la cellulose, s'ils étaient traversés par un projectile, se refermeraient après son passage. Mais depuis l'adoption des projectiles explosifs, qui éclatent en faisant un grand trou dans ces substances, on revient à la cuirasse.

Dans quelques cuirassés, notamment en Angleterre, les grosses pièces sont placées dans des tourelles tournantes dont le plafond est cuirassé aussi bien que le pourtour.

En résumé, les cuirassés sont de vraies batteries flottantes, douées d'une grande vitesse et contenant des canons d'une puissance considérable.

Croiseurs. Les croiseurs ne sont pas protégés contre le tir des gros canons. Ils ont une très grande vitesse, qui peut aller jusqu'à 22 nœuds. Ils sont armés de canons de moyen calibre. Les plus forts calibres employés sur les grands croiseurs sont de 22 c/m.

Garde-côtes. Les garde-côtes ont la ligne de flottaison cuirassée et le pont blindé. Ils ont une faible vitesse, n'atteignant jamais 14 noeuds. Leur armement comprend des canons de gros calibre.

Canonnières. Les canonnières cuirassées sont de petits bâtiments d'un faible tirant d'eau, pouvant naviguer par conséquent dans les fleuves et dans les bas fonds. Ils sont généralement armés d'un seul canon de très-fort calibre et de quelques pièces légères et Hotchkiss.

Tir des navires. Les canons de tous ces bateaux ont peu de précision dans le tir. Le plancher est toujours en mouvement; et ce n'est que lorsqu'il est horizontal que le pointeur doit mettre le feu. Le pointage exécuté dans ces conditions, ne peut pas avoir beaucoup de précision.

D'un autre côté, comme le navire ne reste pas en place, sa distance au but change constamment de sorte que le réglage du tir est incertain. Ce réglage est d'autant plus difficile, pour les pièces placés sous le pont, dans les batteries, que le pointeur ne peut voir le but qu'à travers l'embrasure formée par le sabord, qui est très étroit. Par suite du mouvement du bateau, ce but lui est caché une partie du temps; et souvent il ne peut pas voir les points de chute de ses projectiles.

Tir contre les navires. Le tir à exécuter contre les navires comprend : le tir de rupture, le tir de bombardement, le tir vertical et le tir des canons de petit calibre.

Tire de rupture. Le tir de rupture a pour objet de percer la cuirasse. C'est le tir le plus dangereux parce qu'un seul coup peut annihiler un navire en détruisant ses œuvres vives.

Pour que le projectile arrive à perforer la cuirasse, il faut qu'il la frappe à peu près normalement et qu'il ait une grande force vive au moment du choc.

Pour posséder une grande force vive, il devra être d'un gros calibre et avoir une grande vitesse restante. Par suite, le tir sera très tendu et la distance du but devra être aussi faible que possible.

Les batteries de rupture sont armées des canons du plus fort calibre, 32 c/m autant que possible. Et on admet qu'au delà de 2 K^m, elles n'ont aucun effet.

Ces batteries doivent d'ailleurs être aussi basses que possible afin que leurs projectiles ne frappent pas la muraille du navire, sous une inclinaison verticale trop grande. Elles devront faire feu quand le flanc du bateau se présentera normalement à leur plan de tir.

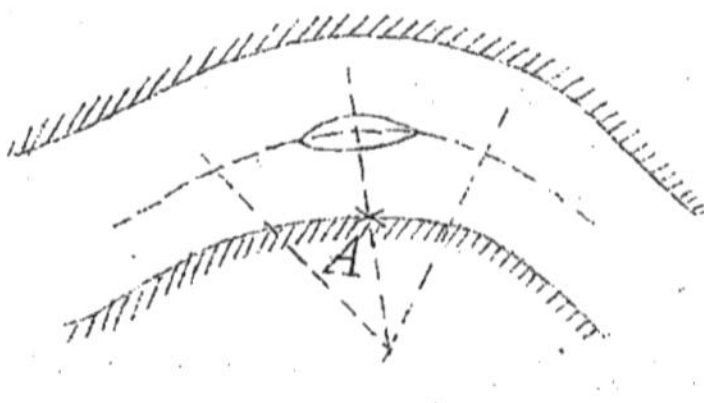

Si un navire est obligé, dans sa marche, de suivre une ligne courbe, il y aura avantage à placer la batterie de rupture sur la partie convexe A de la côte, qui voit pendant plus de temps le flanc du bateau suivant la normale.

Tir de bombardement. Le tir de bombardement est dirigé contre toutes les parties non blindées situées au-dessus de la ligne de flottaison, ainsi que contre le personnel et le matériel installés sur le pont et dans les hunes, et non protégés par des cuirasses.

Ce tir tient l'ennemi à distance pour l'empêcher soit de bombarder le port ou la ville, soit de tenter une opération sur la côte. En raison de la mobilité des vaisseaux, il ne peut s'exécuter qu'à vues directes. On l'exécute avec des canons puissants, mais facilement maniables (habituellement canons de 16, 19 et 24 c/m).

Ces pièces seront avantageusement placées sur une position élevée. Elles pourront ainsi observer plus facilement les points de chute de leurs projectiles. Et ceux-ci, tombant sur le pont dans une direction plus voisine de la verticale, le traverseront plus facilement.

Tir vertical. Le tir vertical a pour objet de perforer les ponts blindés, pour atteindre les œuvres vives du bâtiment. Il est dirigé contre les vaisseaux arrêtés ou ayant une faible vitesse. On emploie pour ce tir les mortiers des plus forts calibres (27 c/m et 30 c/m).

Pour que le projectile ait une grande puissance de perforation, il faut qu'il frappe le pont sous un grand angle et qu'il ait une grande vitesse restante. Ce tir ne peut donc s'exécuter qu'à fortes charges, et par conséquent à grande distance.

A cet effet, les batteries pour tir vertical sont placées dans l'intérieur des terres assez loin des rades ou mouillages qu'elles doivent protéger. On les masque derrière un pli de terrain. Un observatoire permet de rectifier leur tir.

Il y a avantage à exécuter le tir de bombardement et le tir vertical pendant que le navire présente sa longueur dans la direction du tir, car c'est dans cette position qu'il offre le but le plus grand dans le sens de la portée.

Canons de petit calibre. Le tir des canons de petit calibre est dirigé contre les combattants des ponts et des hunes. Il bat tous les angles morts cachés aux autres batteries. Il s'exécute au moyen de pièces légères installées au moment du besoin aux emplacements convenables.

Forteresses Maritimes.

Une forteresse maritime comprend deux lignes de défense distinctes : l'une dirigée contre la terre ; l'autre, contre la mer. La première ressemble de tous points à celle que nous avons décrite pour les forteresses placées dans l'intérieur

des terres. Quant à la deuxième, elle doit résister à des attaques d'une autre nature : et elle reçoit une organisation spéciale.

Elle est traversée par un bras de mer qui donne accès dans la rade, d'où l'on pénètre ensuite dans le port. L'arsenal maritime et la Ville sont bâtis sur le port et forment le noyau central.

On entre dans la rade ou dans le port au moyen d'un goulet, passage long et étroit, ou bien par une passe comprise entre deux pointes de terre. Lorsque le goulet est très étroit on lui donne le nom de Chenal. Enfin avant d'entrer dans la rade, la mer présente souvent un espace rétréci, appelé « vestibule. »

La ligne de défense du côté de la terre doit se fermer sur les deux extrémités de celle qui fait face à la mer. Elle doit bien surveiller les chemins qui viennent des mouillages voisins. Dans ces conditions, l'ennemi ne pourra pas jeter à terre, dans ces mouillages un petit corps de débarquement, qui viendrait prendre à revers les défenses marines non protégées, et s'en emparerait sans peine.

Ces défenses, n'ayant rien à craindre d'une attaque par terre, sont constituées par de simples batteries auxquelles on n'a besoin de donner aucun moyen de défense contre les troupes.

Dans certains cas ces batteries, en raison de leur éloignement, sont exposées à une attaque exécutée par un corps débarqué dans un mouillage voisin. On les entoure alors d'une fortification facile à défendre avec peu de monde. La même fortification englobe généralement un certain nombre de batteries. C'est ainsi qu'ont été organisés à Brest les forts de Bertheaume, du Minou, du Portzic, du Toulinguet et des Espagnols.

Toutes les batteries dirigées sur la mer ont leur armement et leur approvisionnement au complet dès le temps de paix. En raison de son poids considérable, cet armement serait très difficile à mettre en place au moment de la mobilisation. Et d'un autre côté, ces batteries peuvent être appelées à tirer dès les premiers jours de la guerre, une flotte ennemie tenue sous pression pendant la période de tension politique, pouvant arriver très rapidement.

Dans une forteresse maritime, l'action de la ligne de défense sur la mer est complétée par la défense mobile qui s'exerce au-dehors au moyen d'une flotte mise à la disposition du Gouverneur.

Une pareille forteresse peut être attaquée du côté de la mer par le bombardement, par surprise, de vive force, ou méthodiquement.

Bombardement.

Pour bombarder la Place, les vaisseaux se tiennent au large; ils évoluent devant les batteries de côte pour échapper à leurs coups. Ils tirent sur l'arsenal maritime, qui leur présente un but d'une superficie considérable et qu'ils peuvent assez facilement atteindre, bien qu'ils soient en mouvement.

Le bombardement ne peut être exécuté que si la défense mobile n'existe pas. Il faut aussi que le port soit bien rapproché de la haute mer. C'est le cas du port de Cherbourg qui n'est séparé du large que par une digue située à 2 Kilomètres en avant de l'Arsenal.

Remarquons toutefois qu'un pareil bombardement ne produira que des dégâts partiels, à cause de la grande superficie du but visé par l'ennemi. Il ne doit pas amener la reddition de la Place.

On s'oppose à ce mode d'attaque par la défense mobile et par le tir des batteries de bombardement.

Surprises.

L'ennemi tentera les surprises surtout au début d'une guerre, pendant les opérations de la mobilisation. On s'y oppose, comme nous l'avons déjà vu, en armant et approvisionnant de munitions toutes les batteries de côte, dès le temps de paix. Il faut que, dès les premiers jours de la mobilisation, ces batteries aient un personnel suffisant pour tirer et que, la défense mobile de mer, soit en état de fonctionner au moins en partie.

Lorsque la mobilisation est terminée, on évite les surprises par une bonne surveillance exercée tant au moyen de la défense mobile que par les vigies qui signalent la flotte ennemie à grande distance et qui sont reliées à la Place par des communications sémaphoriques et télégraphiques.

Attaque de vive force et attaque méthodique.

L'attaque de vive force n'est pas autre chose qu'une attaque régulière, dans laquelle une partie ou la totalité des opérations sont plus rapidement exécutées.

Lorsque la défense mobile a été repoussée dans la rade ou dans le port, la flotte entreprend l'attaque régulière. Elle ouvre le feu sur toutes les batteries pouvant tirer sur la haute mer ou sur le vestibule. Elle les réduit au silence par un tir à mitraille et cherche à les ruiner avec ses gros projectiles. Elle cherche ensuite à détruire les batteries qui gardent le goulet ou les passes, et elle bombarde celles qui ont action sur la rade et qu'elle peut atteindre.

Les bateaux les plus légers vont, pendant la nuit reconnaître et repérer les passes et détruire les obstacles, qui peuvent les obstruer. Ces opérations préliminaires terminées, on cherche à forcer les passes. Les plus forts navires passent les premiers. Ils s'enveloppent d'un nuage de fumée et se précipitent sur les passages, où ils échappent au tir des batteries de rupture grâce à leur vitesse. Les autres bateaux les suivent.

Lorsque la flotte est dans la rade, elle bombarde l'arsenal et elle tire contre les batteries qui ont action sur la rade et qu'elle n'a pas pu atteindre de la haute mer. Dès que le feu de ces batteries est éteint, l'assaillant met à terre un corps de débarquement qui s'empare du noyau central.

Défense.

Pendant la première période, la défense lutte contre l'Artillerie de la flotte assaillante, au moyen de ses batteries de bombardement qui tirent sur la haute mer et sur le vestibule. Ses batteries de canons légers tirent sur les ponts et sur les hunes des bateaux qui se rapprochent de la côte.

Passes ou goulets.

Les passes ou goulets seront éclairés pendant la nuit à la lumière électrique, pour empêcher l'ennemi de les reconnaître, et lorsqu'il voudra les forcer, les batteries de rupture disposées le long de la rive, auront pour mission de tirer sur le flanc des vaisseaux, quand ils se présenteront par le travers. Les batteries de bombardement tireront également. Celles qui prennent le passage en enfilade auront à ce moment une grande efficacité.

En même temps les batteries de canons légers tireront sur les ponts et sur les hunes des bateaux, toutes les fois qu'ils seront assez rapprochés.

Les batteries de rupture peuvent avoir la plus grande efficacité, car un seul coup heureux peut arrêter un bateau. Elles n'ont à agir qu'au moment où l'ennemi veut forcer la passe. Il faut donc qu'elles soient protégées contre les coups de canon venant du large, de façon à être intactes au moment du besoin.

Défenses accessoires.

La défense rétrécit la largeur des passes au moyen de défenses accessoires, comme des estacades, des chaînes, et même de vieux vaisseaux coulés, ainsi que les Russes l'ont fait à Sébastopol. Ces passes sont gardées au moyen de torpilles dormantes que l'on place au fond de la mer et que l'on fait partir par l'électricité quand le bateau est au-dessus. On y installe également des torpilles vigilantes, à une petite profondeur au-dessous de la surface de l'eau. Le navire qui les rencontre détermine leur explosion.

Défense de la rade.

Si l'ennemi parvient à pénétrer dans la rade, on dirige contre lui le feu de toutes les batteries en état de

Les batteries de mortiers dissimulées par le terrain peuvent à ce moment donner de très-bons résultats, les vaisseaux ne pouvant guère se déplacer. Quelques batteries de rupture placées sur des points convenablement choisis du bord de la rade, tireront sur les flancs des bateaux.

Batteries de côte.

Des considérations qui précèdent il résulte que les batteries de côte à construire en temps de paix peuvent se diviser en 3 catégories.

1°. Batteries de rupture;

2°. Batteries de bombardement;

3°. Batteries pour tir vertical.

On envisage quelquefois les batteries au point de vue de leur altitude. Et on appelle «batteries hautes», celles qui permettent de faire usage de l'appareil de pointage automatique Deport. Les autres sont des «batteries basses».

L'appareil Deport permet à la fois de pointer le canon et de mesurer la distance du but. Dans la mesure de cette distance, on prend comme base du triangle à résoudre la hauteur de l'appareil au-dessus du niveau de la mer. Et pour que cet appareil puisse fonctionner il faut que cette distance verticale soit de 19^{m} au moins.

D'après la classification adoptée les batteries hautes auraient donc, au-dessus du niveau moyen de la mer, une altitude minimum de 19^{m} sur la Méditerranée, et de 30^{m} sur l'Océan à cause des marées.

Mais c'est là une classification théorique; et dans la pratique on n'emploie les qualificatifs de «haute» et «basse» que pour différencier deux batteries qui ont le même nom. C'est ainsi qu'à Brest on a la batterie haute et la batterie basse de Minou.

Batteries de rupture. Les batteries de rupture défendent les goulets et les passes: quelques unes sont employées à la défense des rades. Armées des canons les plus puissants, elles doivent être placées aussi bas que possible et à une distance du passage à défendre inférieure à 2 Kilomètres. Dans un goulet courbe, les batteries de rupture seront placées sur la partie de la rive qui est convexe A.

Ces batteries ne doivent pas être atteintes par les coups de canon venant du large, et rester intactes jusqu'au moment où les vaisseaux essaient de forcer la passe. On les abritera par la forme du terrain, en les plaçant dans un enfoncement de la côte ou une anfractuosité du roc. Ou bien on les mettra dans des cavernes, sous casemates, ou sous cuirasses.

Batteries de Bombardement. Les batteries de bombardement sont placées sur des positions élevées. Elles doivent voir les navires sur lesquels elles tirent.

L'angle maximum sous lequel les affûts de côte permettent de tirer au-dessous de l'horizon est de 5°.

B M C

A

Étant donnée la coupe du terrain A B C, on placera la batterie sur la crête B, si on y est obligé pour utiliser tout le champ de tir vertical de la pièce. Mais si la batterie placée en arrière de B peut encore voir la mer sous l'angle de -5° au-dessous de horizontale on ne la laissera pas sur la crête B, où l'ennemi rectifierait facilement son tir en faisant remonter progressivement le point de chûte de ses projectiles. On ne la placera pas non plus sur la crête en arrière C où l'ennemi la verrait se profiler sur le ciel. Le meilleur emplacement sera un point intermédiaire entre ces deux crêtes

Tir vertical. Les batteries pour tir vertical ont pour objectifs les bas fonds, les plages de débarquement, les passes et la rade. On les place dans l'intérieur des terres et on les dissimule aux vues du large. Elles font du tir indirect et elles rectifient leur tir au moyen d'un observatoire auquel elles sont reliées par une communication rapide.

Organisation. Au point de vue de leur organisation, les batteries se divisent en 3 classes : batteries cuirassées, batteries casemat[ées] et batteries à l'air libre.

Batteries cuirassées. A l'étranger on a protégé par des cuirasses ou des coupo[les] métalliques un certain nombre de batteries appelées à lutter contre les canons puissants des navires. Les Anglais ont adopté cette solution pour Malte et pour Gibraltar.

A Anvers, les Belges on[t] placé une tourelle dans la citadelle pour battre cette p[ar]tie de l'Escaut. Et à l'ancien fort Ste Marie, ils on[t] installé une batterie cuiras[sée] de 5 pièces qui voit la partie rectiligne de l'Escaut en ava[l].

Ce genre de protection n'a pas été adopté en Fran[ce] pour les batteries de côte. Avant 1885, on avait admis q[ue] des pièces de 34 c/m sous tourelles seraient affectées à la défense des rades de l'île d'Aix et de Cherbourg. La dépense considérable qui en serait résultée (4 à 5 million[s] par tourelle) et l'invention des obus torpilles ont fait renon[cer] à ce projet.

La Marine n'a pas encore adopté les projectiles à grande capacité, chargés d'explosifs brisants. Mais il faut prévoir le moment où ces projectiles entreront dan[s] ses approvisionnements. Les cuirassements construit[s] jusqu'à ce jour ne sont pas en état de leur résister.

On a bien fait, en Angleterre, des expériences sur une tourelle pour un canon de 26 tonnes. On a reconnu qu'elle était en état de résister aux nouveaux projectiles. Mais on ne l'a pas adoptée à cause de son prix de revient qui est très élevé. On préfère employer le tir à barbette, en abritant les pièces derrière le parapet, au moyen d'affûts à éclipse.

Batteries casematées. Dans les batteries casematées, les canons sont protégés par une voûte en maçonnerie ou en béton et par un mur de masque percé d'une embrasure. Une pareille protection est insuffisante contre l'artillerie installée sur la terre ferme. Cette artillerie a assez de précision pour atteindre la casemate au même point avec plusieurs projectiles et la ruiner complètement.

Les canons des bateaux, en raison de l'incertitude de leur tir, peuvent tout au plus atteindre la casemate d'un coup heureux. Aussi quelques États Étrangers, entre autres la Russie et l'Angleterre, ont-ils avant 1885, construit des batteries casematées.

En France on en a conservé quelques-unes de construction ancienne à Cherbourg et dans la rade de l'île d'Aix au fort Boyard et au fort d'Énette.

Dans certaines batteries casematées, en Angleterre, le mur de masque en maçonnerie est remplacé par une cuirasse. Telle est, par exemple, la batterie de Picklecombe à Plymouth.

Depuis 1885. Aucune de ces batteries, construites avant 1885, ne se en état de resister aux projectiles à explosifs brisants.

Coupe suivant AB.

5,00 5,00

5,00 5,00

A B

Plan.

Dans celles que l'on aura à construire à l'avenir, on e ploiera le béton de ciment qui, seul peut résister au nouveaux projectiles. La voûte a 5^{m} et les piédroi 3 mètres d'épaisseur ; le mur de masque a de 5 à 6

Ces casemates ne sauraient être dirigées contre la mer, d'où il serait trop facile de faire des coups d'em brasure, à cause du but très nettement visible que cell ci présentent au tir de l'ennemi. On les emploiera, d le tir de rupture, dirigé contre les passes: dans cette pos leurs embrasures ne pourront pas être atteintes du

C'est la solution qui a été adoptée à Cherbourg po quelques batteries de rupture dont on va commencer construction.

Batteries cavernes. Le prix de revient des batteries casematées en béton est élevé, et toutes les fois que le terrain le permettra, il sera av tageux de les remplacer par des batteries-cavernes.

Ces batteries doivent être entièrement dissimulées e

vaisseaux ennemis ne devont les voir qu'au moment où ils se présentent pour franchir la passe. On les place en conséquence au fond des anfractuosités du terrain. Et quand il n'existe pas d'anfractuosités, on creuse dans le roc une grande et profonde embrasure au fond de laquelle se trouve le mur de masque (fig. 99). Le seuil de l'embrasure taillé dans le roc est tenu à 2m. environ au-dessous de l'embrasure du mur de masque. Les pierres détachées du rocher par l'ébranlement des coups de canon tombent ainsi au-dessous de cette dernière et ne peuvent pas gêner le tir.

(fig. 99).

Habituellement, chaque batterie contient 2 casemates à canons, ouvrant sur un couloir en arrière. Ce couloir donne accès à une citerne, à un magasin à munitions et à l'entrée de la batterie, qui est généralement un escalier débouchant au sommet de la falaise. Les pièces de 32 % qui arment la batterie sont introduites par l'embrasure avant la construction du mur de masque. Elles y sont amenées au moyen de bateaux. La batterie terminée, elles ne peuvent plus être enlevées qu'en démolissant le mur de masque.

Une cheminée dessert chacune des casemates et débouche au-dessus du sol. Elle facilite l'évacuation de la fumée.

Tous ces locaux sont creusés dans le roc. Pour éviter que les pierres détachées du rocher par l'ébranlement des coups de canon ne tombent sur le sol, la paroi du roc est partout revêtue d'un placage en maçonnerie. On se débarrasse

de l'eau qui suinte toujours dans ces locaux souterrain
employant les dispositions qui vous ont déjà été décrit
dans la 2e partie du cours.

Tir au passage.

Les canons de ces batteries ne voient le bateau qu'a moment où il passe devant eux et où ils doivent tirer lui. Ils ne peuvent donc pas viser directement sur le Ils sont obligés de faire ce qu'on appelle le « tir au p sage » Un observateur est placé sur la falaise et surveil le vaisseau ; de sa distance et de sa direction, il dédu la distance à laquelle il passera du canon de ruptu et il téléphone au pointeur les données du tir. La p est aussitôt pointée suivant ces données ; et le feu est au moment opportun, soit par l'observateur au moy d'un courant électrique, soit par un servant sur les in cations de l'observateur.

Il est nécessaire que l'observateur soit abrité contre les de l'ennemi ; il faut par conséquent que chaque batterie comme annexe un observatoire, placé au-dessus d'elle sommet de la falaise.

Les batteries-cavernes résistent parfaitement aux ob torpilles. Les expériences que l'on a faites ont démontré q les servants n'y sont pas trop gênés par la fumée ni le bruit. On emploiera donc ce genre de batteries tout fois que la disposition du sol le permettra ; à Brest on en construit un certain nombre pour défendre le let, qui donne entrée dans la rade.

Batteries à ciel ouvert.

Les batteries à ciel ouvert sont celles dont le prix de revient est de beaucoup le moins élevé. On en a construit un grand nombre en France.

Avant 1885, on leur donnait le profil suivant:

(fig. 100.) 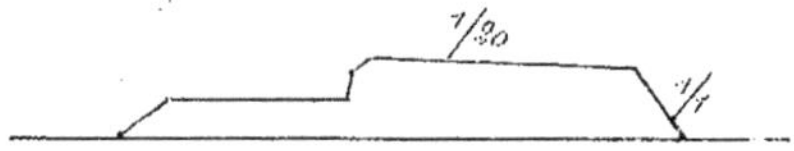 Plongée inclinée à 1/20e. Epaisseur du parapet 6 à 8m; talus extérieur à 1/1. Plate-forme à 1.60 au dessous de la crête intérieure. Talus intérieur remplacé par un mur sur un mètre de hauteur. Sur ce mur on scellait l'anneau organeau qui sert aux manoeuvres de force. Les canons tirant à barbette pouvaient tirer jusqu'à la limite de leur champ de tir au-dessous de l'horizon, malgré la faible inclinaison de la plongée.

(fig. 101). En terrain horizontal, la plate-forme était généralement à 1m,50 au-dessus du terrain naturel. Lorsque le terrain s'élevait en arrière, le terre-plein était tenu au-dessous du sol et se raccordait avec le terrain par une pente douce, afin d'éviter les éclats en retour des projectiles.

Les affûts que l'on place sur ces plate-formes sont de 2 sortes: Les affûts à pivot antérieur mobiles autour d'un point voisin de la crête intérieure et permettant un champ de tir de 90°, et les affûts à pivot central.

Pour les affûts à pivot antérieur, la plate-forme e analogue à celles employées pour les canons de place o dinaires. Quand on devait employer un affût à pivo central, on donnait à la crête intérieure une forme culaire ayant pour centre le pivot de l'affût. Dans toutes ses positions la pièce se trouve aussi rapproche que possible du parapet qui la protège.

au moins 90°

La crête de la batterie est perp diculaire à la direct à battre. Quelquefois on est obligé donner à la batterie deux crêtes, sant un angle entr'elles. Cet devra être égal au moins à 90°. qu'il n'y ait pas de secteur priv de feux lorsqu'on emploie des affûts à pivot ant' dont le champ de tir est de 90°.

Chaque batterie comprend généralement 4 pièce pour que l'on puisse régler le tir dans de bonnes tions. Lorsque le calibre des bouches à feu est égal supérieur à 19 c/m on met généralement une trav par pièce. Pour les calibres inférieurs, les pièces sont traversées que de 2 en 2.

Chacune des extrémités de la batterie se soit par une traverse, soit, par un crochet du

Traverses. On a employé 2 types de traverses, les traverse diagonale et les traverses perpendiculaires.

(Fig. 104). Les traverses en diagonale ont la forme d'un carré dont l'une des diagonales est parallèle à la crête intérieure. On a construit de ces traverses à Dunkerque et au Hâvre. On les a abandonnées depuis à cause de la complication de leur construction.

Les traverses perpendiculaires sont de tous points semblables à celles employées dans les forts ordinaires. Leurs abris servent alternativement de magasin aux munitions et de logement pour les servants.

Quand les pièces ne sont traversées que de 2 en 2, on construit une niche à munitions sous le parapet entre deux pièces en a.

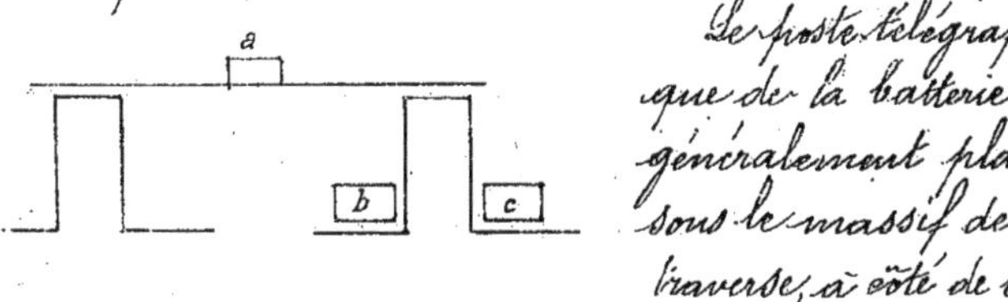

Le poste télégraphique de la batterie est généralement placé sous le massif de la traverse, à côté de l'abri b.

Il en est de même du logement des Officiers c.

Magasin à poudre. Chaque batterie est munie d'un magasin à poudre contenant toutes les munitions de la batterie.

Elle est également pourvue d'une citerne contenant 300 litres par canonnier et 150 litres par homme d'infanterie.

Double parapet. Les pièces, montées sur affûts à pivot central peuvent dans certains cas être appelées à tirer dans 2 directions diamétralement opposées. Elles sont alors abritées par deux parapets parallèles; et on les place contre le parapet tourné vers le côté où les attaques sont le plus à craindre. Tel est le cas de la batterie haute du Lazaret à Toulon, qui tire au Nord sur la rade et, au Sud sur la haute mer.

Batteries nouvelles. La marine n'a pas encore adopté les obus-torpilles, mais on a admis qu'à l'avenir les batteries seraient organisées pour résister à ces projectiles.

Ces batteries seront donc enterrées, comme celles qui vous ont été décrites pour les forteresses ordinaires. Elles seront dissimulées. Leurs traverses ne dépassent pas la crête. Et quelques niches à projectiles seront construites sous le parapet.

Les abris seront placés en dehors des batteries sur un des emplacements entièrement défilés.

Chaque batterie sera pourvue d'un magasin à munitions placé à proximité, en dehors de la batterie. Ce magasin enterré, sera défilé aux vues de l'ennemi, ainsi que la communication qui le relie à la batterie.

Lorsque plusieurs batteries seront assez rapprochées, on leur construira un magasin commun, contenant un compartiment spécial pour chaque batterie.

Tous ces magasins seront à l'épreuve. Comme les projectiles de la marine ont une puissance beaucoup plus grande que ceux des canons de place ou de siège on augmentera en conséquence l'épaisseur du béton de ciment ou du rocher qui doit protéger les magasins.

Lorsque le magasin sera à une certaine distance de la batterie, on les reliera par une voie ferrée, cachée aux vues de l'ennemi et passant derrière les plate-formes des pièces. Cette disposition sera adoptée surtout pour les canons de gros calibre, dont les munitions ne sont pas facilement maniables.

(Fig. 115). La figure 115 représente une batterie enterrée pour 4 pièces, montées sur affût à pivot central. La plate-forme est en béton de ciment. Une niche à munitions est ménagée sous chaque merlon compris entre 2 pièces consécutives. Le terrain a été entaillé pour adoucir au 1/4 la pente du talus de revers. Le magasin à munitions est en caverne et placé sur le côté droit de la batterie.

Batteries de mortiers. Quand on a à construire une batterie pour mortiers de 30 %m, deux cas peuvent se présenter:

1er cas. – L'emplacement de la batterie peut être vu du large.

2e cas. – Il est entièrement caché par la forme du terrain.

Dans le 1er cas, le sol de la plate-forme est enfoncé à 4m au dessous du terrain qui forme parapet. Comme le mortier de 30 %m se charge par la bouche, entre la plate-forme et le parapet, on laisse une banquette de 0.70 de hauteur, sur laquelle se tiennent les servants pour introduire le projectile dans la bouche du mortier. Les niches à munitions sont creusées dans le parapet au dessus de la banquette.

Dans le 2e cas, il n'est pas nécessaire de dissimuler les mortiers. On enfonce la plate-forme à 0m.70 au-dessous du sol et le terrain naturel sert de banquette. On peut encore laisser la plate-forme sur le sol naturel et construire en avant la banquette en remblai.

Quand on a à construire une batterie de canons, il arrive parfois qu'on ne peut pas enfoncer la plate-forme au-dessous du sol, par exemple quand le sous-sol est constitué par de l'argile humide ou des sables mouvants. On placera alors les plate-formes des canons sur le sol et on les protégera en avant par un parapet en terre ou mieux en sable de 20 à 25m. d'épaisseur, avec une plongée inclinée au 1/20e. Pour que la batterie soit dissimulée, le parapet devra avoir le même aspect que le terrain environnant et les canons seront peints de la couleur commune au parapet et au terrain.

L'emplacement sera quelquefois trop restreint pour qu'on puisse y masser le parapet de 20 à 25m. d'épaisseur : Par exemple, pour une batterie à construire sur une digue, et devant tirer dans la direction de la haute mer. L'emploi des coupoles nécessiterait une dépense trop élevée. On ne peut pas non plus construire des casemates dont les embrasures seraient tournées vers la haute-mer.

On a alors recours à un parapet en béton de ciment de 12m. d'épaisseur.

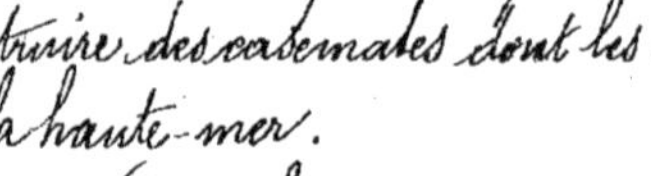

Pour que la crête intérieure ne soit pas facilement démolie

on avait proposé de consolider le talus intérieur au moyen d'une plaque métallique de 0m.40 d'épaisseur au sommet et de 0m.20 à la base. Cette plaque aurait été assujéttie par des boulons noyés dans le massif du béton et par des arc-boutants en fer, placés de distance en distance.

Mais on n'a pas adopté cette disposition qui aurait occasionné des dépenses considérables (3 millions pour les 20 canons nécessaires sur la digue de Cherbourg). Cette cuirasse d'ailleurs ne résisterait pas: un 1er coup de canon casserait les boulons, et le 2e coup renverserait la plaque.

On se contente donc d'un talus intérieur en béton de ciment.

En Angleterre, les canons de semblables batteries sont placés sur affûts à éclipse. Malgré le prix de revient élevé de ces affûts, il y aurait intérêt à les adopter en France pour certaines batteries importantes, comme celles qui doivent défendre l'entrée de la rade de Cherbourg.

Les servants des batteries à ciel ouvert sont exposés à recevoir une grêle de mitraille provenant des nombreux canons de petit calibre qui arment les ponts et les hunes des vaisseaux. Pendant le chargement de la pièce et le pointage, ils sont protégés par des plaques de tôle verticales adaptées sur la culasse. On pourrait augmenter cette protection au moyen de plaques de tôle disposées horizontalement au-dessus des places que les servants occupent à côté de la pièce.

Forts côtiers.

Nous avons dit, dans le cours de cette leçon, que lorsque plusieurs batteries sont exposées à une attaque par terre, tentée par un corps de débarquement, on les englobe dans une même fortification. Cet ensemble, qui a une grande étendue, constitue un fort côtier.

La fortification opposée aux attaques par terre est organisée suivant les principes adoptés pour la fortification terrestre.

Dans quelques pays et notamment en Angleterre, un fort côtier est un ouvrage d'une superficie restreinte dans lequel est concentrée une nombreuse artillerie. Cette disposition a le grave inconvénient d'exposer toute l'artillerie de la défense à un tir convergent qui la réduira rapidement au silence. Dans la fortification maritime comme dans les forteresses terrestres, l'artillerie disséminée se trouve dans de meilleures conditions pour la lutte que l'artillerie concentrée. Il semble donc préférable de s'en tenir aux forts côtiers de grande étendue tels qu'ils ont été construits en France.

www.ingramcontent.com/pod-product-compliance
Ingram Content Group UK Ltd.
Pitfield, Milton Keynes, MK11 3LW, UK
UKHW012018240726
13965UKWH00002B/437

9 782013 481649